智库 中社

国家智库报告 2018（37）
National Think Tank

社会·政法

政府电子服务能力指数报告（2018）

胡广伟　白玥　姚笛　著

EVALUATION REPORT OF GOVERNMENT E-SERVICE CAPABILITY INDEX（2018）

中国社会科学出版社

图书在版编目（CIP）数据

政府电子服务能力指数报告．2018/胡广伟，白玥，姚笛著．—北京：中国社会科学出版社，2018．11
（国家智库报告）
ISBN 978－7－5203－3384－9

Ⅰ．①政…　Ⅱ．①胡…②白…③姚…　Ⅲ．①电子政务—研究报告—中国—2018　Ⅳ．①D63－39

中国版本图书馆 CIP 数据核字（2018）第 243633 号

出 版 人　赵剑英
项目统筹　王　茵
责任编辑　喻　苗
特约编辑　王　琪
责任校对　朱妍洁
责任印制　李寡寡

出　　版　中国社会科学出版社
社　　址　北京鼓楼西大街甲 158 号
邮　　编　100720
网　　址　http://www.csspw.cn
发 行 部　010－84083685
门 市 部　010－84029450
经　　销　新华书店及其他书店

印刷装订　北京君升印刷有限公司
版　　次　2018 年 11 月第 1 版
印　　次　2018 年 11 月第 1 次印刷

开　　本　787×1092　1/16
印　　张　14.25
插　　页　2
字　　数　182 千字
定　　价　65.00 元

项目组主要成员

胡广伟　姚　笛　白　玥　张雪莹
韩　磊　司文峰　杨金龙　罗雨宁
张佚凡　杨安琪　孔媛媛　陈雨儿
温倩宇　曾梦玲等

摘要：随着“互联网+”国家战略的实施，“互联网+政务服务”的应用持续深化，社会和公众对政务服务的网络化需求快速增长，期待政府能够提供更好的用户服务体验。为了检验和提升各级政府的电子服务能力发展水平，进而建立一套科学、客观、量化及导向清晰的政府电子服务能力测评体系，达到“以评促建、以评促用、树立标杆，引导电子政务可持续化发展”的目的，本报告从部委、省（直辖市）、地级市等不同层级，以政务网站、政务微博、政务微信、政务APP四个服务渠道为切入点，构建了政府电子服务能力测评体系，通过全样本测评定量与定性相结合的方式报告了我国省、市、部委电子服务能力的水平，应用综合指数、双微指数、新媒体指数等复合数据展示了我国政府电子服务渠道的整合情况，进而总结得到了电子政务服务能力建设的最佳实践与案例。各项指数数据表明，中国各级政府电子服务呈现“三多三少”“三强三弱”的特点：“入口多、渠道多、栏目多，协办少、联办少、通办少”；“信息服务强，办事服务弱；网站服务强，移动服务弱；传播推广强，亲民易用弱”。同时也发现中国电子政务服务呈现新、老渠道协同发展的态势；中国东部沿海地区的电子政务服务能力综合指数最高，东北地区最低，高低分化明显等。本报告仅从能力管理的视角测评政府电子服务水平，数据和结论难免偏颇，仅供各界参考。

关键词：政务服务；电子服务；互联网+；服务能力；能力指数

Abstract: With the implementation of the "Internet + " national strategy, applications of "Internet + Government Service" continues to be deepen. At the same time, the society and public expect better government services and better customer service experience in a quick increasing situation. In order to evaluate and enhance the e-service capability of the governments, the project constructed the government e-service capability evaluation system including provinces, cities, ministries and commissions from the perspective of four e-service Channels (i. e. , government website, WeChat, micro-blog, APP). And through the evaluation and analysis, the project reported the government e-service capabilitylevel and some interval attributes. The comprehensive index, such as "Double Micro Index", new media index, and the innovation index, are designed and proposed. Finally, the report summed up with the best practice cases.

Keywords: Government Service; E-service; Internet + ; Service Capability; Capability Index

前　言

随着“互联网+”国家战略的实施，“互联网+政务服务”应用持续深化，社会和公众对政务服务的网络化需求快速增多，期待政府能够提供更好的用户服务体验。2015年7月国务院发布的《关于积极推进“互联网+”行动的指导意见》和2016年3月发布的《中华人民共和国国民经济和社会发展第十三个五年规划纲要》把“深化行政管理体制改革”“优化政府服务”“推广‘互联网+政务服务’，全面推进政务公开”作为“十三五”的重要工作任务，体现了国家对提升我国各级政府电子服务能力的重视与关切。2017年10月，党的十九大报告中指出要不断推进国家治理体系和治理能力现代化，加强互联网内容建设，建立网络综合治理体系，进一步明确了这一发展导向。2018年7月国务院《关于加快推进全国一体化在线政务服务平台建设的指导意见》（国发〔2018〕27号）则将政府电子服务建设推进全面提速期。

本报告以我国（港、澳、台地区除外）省、市及国务院部委的政务网站、政务微博、政务微信、政务APP四个服务渠道为切入点，构建政府电子服务能力测评体系，并通过全样本测评获得分析数据，用定量和定性技术方法分析我国省、市及国务院部委的电子服务能力水平，并总结得到政府电子服务能力建设的最佳实践。

首先，报告从四个层面（省、直辖市、地级市及国务院部委），结合四种渠道（网站、微博、微信、APP）对政务服务能力、政务服务途径、省级政务服务区间属性、政务服务地域属性等进行深入分析，系统梳理了我国电子政务服务的发展水平。

其次，测算省、市及国务院部委电子政务服务能力各项复合指数。结果显示，省、市双微能力指数最高，综合指数、新媒体指数依次递减，凸显出我国电子政务服务渠道发展侧重方向的转变，即由传统渠道向新渠道转移。国务院部委的综合指数总体偏低，提升空间大。

再次，进一步分析电子政务服务区域综合指数。数据表明，我国西南地区的电子政务服务能力综合指数最高，西北地区最低，整体得分偏低。

最后，总结电子政务服务的最佳实践。对省、直辖市、地级市及国务院部委四渠道的最佳实践给予总结，以供参考。

项目组希望通过理论与实践的结合，建立一套科学、客观、量化及导向清晰的电子政务服务能力测评体系，报告各级政府的电子服务能力发展水平，以评促建，以评促用，树立标杆，引导电子政务的可持续发展，助力我国政务治理能力现代化水平的提升。

胡广伟
南京大学国家双创基地
新华网政务大数据事业部
南京大学政务数据资源研究所
2018 年 6 月

目　　录

上篇　省市政府电子服务能力指数报告

下篇　国务院部委电子服务能力指数报告

上　篇

省市政府电子服务能力指数报告

第一章　测评体系与测评方法

一　测评背景

随着信息技术的高速发展和政务理念的不断演进，移动化、迅捷化、智能化、网络化成为政务服务的新常态，办事效率和服务质量大幅提升，政府决策也日益科学化、民主化。同时，社会和公众对基于互联网的政务服务需求不断增加，如何更好地服务企业和公众，满足其对电子服务的需求，提升我国电子政务水平，已成为现阶段治理能力现代化的重要内容。

2015 年 7 月，国务院发布《关于积极推进“互联网 +”行动的指导意见》，强调“互联网 + 政务服务”对加快转变政府职能的积极作用，提出要实现互联网与政府公共服务体系的深度融合，促进公共服务创新供给和服务资源整合，构建面向公众的一体化在线公共服务体系。2016 年 4 月 12 日，国务院发布《2016 年政务公开工作要点》，提出要加大公开力度，加强政策解读，不断增强公开实效，保障人民群众知情权、参与权、表达权和监督权，助力深化改革、经济发展、民生改善和政府建设。2016 年 9 月 14 日，国务院总理李克强主持召开国务院常务会议，部署加快推进“互联网 + 政务服务”工作，以深化政府自身改革更大程度利企便民。2017 年 10 月，党的十九大报告指出要不断推进国家治理体系和治理能力现代化，加强互联网内容建设，建立网络综合治理体系。2018 年 4 月，在国家发改委、网信办等多个部门支持下的第一届数字中国建设峰会顺利召开，会上发布了 30 个全国电子政务最佳案例。为进一步响应国家号召，客观反映我国电子政务服务发展现状，寻找推进“互联网 + 政务服务”建设的优化路径，提升我国政府电子服务能力水平，南京大学政务数据资源研究所在国家双创示范基地的支持下，联合新华网开展了中国电子政务服务能力测评工作。

本次调查评估以“用户体验”为出发点，构建政府电子服务能力测评体系，以客观公正、可量化、可重复为原则，分成多个小组对我国（港、澳、台地区除外）27 个省级政府、4 个直辖市、334 个地级市政府的政务网站、政务微博（以新浪微博为主）、政务微信、政务 APP（Android 和 iOS 系统）四种渠道进行了全方位的交叉测评和复查，紧扣社会关切、突显特色，旨在推动我国电子政务向“有用好用”方向发展，提升公民满意度和政府服务能力。

二 测评思路

本期测评工作自 2017 年 5 月开始筹备，7 月进行团队组建与工具方法的准备，7—8 月完成预测评、正式测评、补测评等工作，9—10 月进行数据的整理与分析工作，10—11 月完成研究报告。主要测评工作思路如图 1 – 1 所示。

三 指标体系

测评指标详见附录 1。

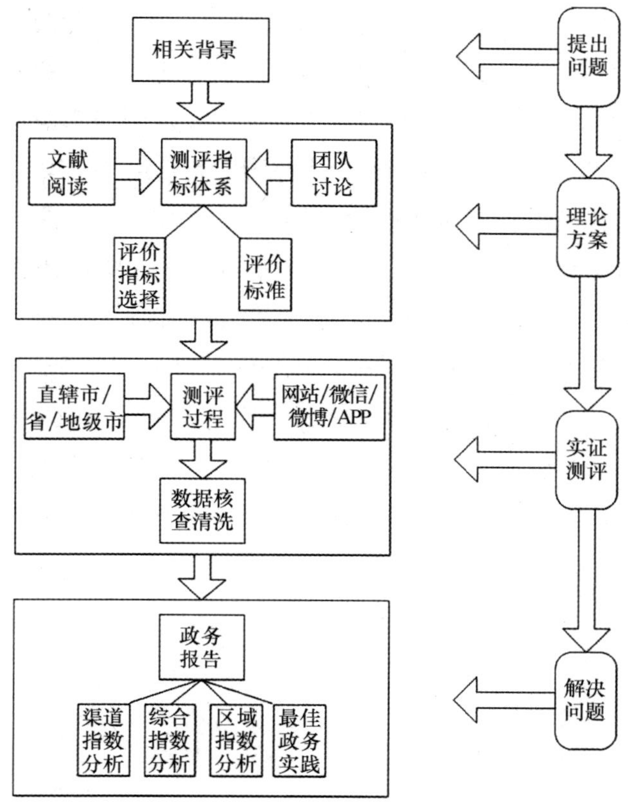

图 1－1　测评工作思路

四　测评工作

测评时间：2017 年 7 月 1—31 日。

测评对象：我国的 27 个省级政府、4 个直辖市、334 个地级城市（包括副省级）政府的政务网站、政务微博、政务微信、政务 APP，实现省、直辖市、地级市的全样本测试。①

① 本次项目测评的对象分为省市和部委两个部分。省市部分测评对象共有 365 个行政区划单位（未包括港、澳、台地区），其中省级行政区 31 个，包括 22 个省、5 个自治区、4 个直辖市；地级行政区划单位 334 个，包括 293 个地级市、8 个地区、30 个自治州、3 个盟。

本测评中，“两微一端”的定义如下：有主体标识的，且经过认证的微博、微信公众号或服务号。其中，凡是认证主体不是人民政府的，不予测评，这可能包括仅以党委、党委宣传部、人民政府新闻办公室、信息中心等为主体标识的；没有主体标识的，比如由相关部门或者第三方单位开发、运营的微信公众号与服务号、政务服务客户端等，如果其提供的服务与政府紧密相关，能够清楚体现政府职能，则予以测评。

测评指标见附录1，测评标准见附录2，测评样本见附录3。

第二章　省市政府电子服务能力指数

一　省市政府电子服务能力指数说明

政府电子服务能力指数是通过对电子政务各服务渠道测评得到的用以反映政府电子服务能力的指标，包括政务网站服务能力指数、政务微博服务能力指数、政务微信服务能力指数和政务 APP 服务能力指数。目前，政府网站、政务微博、政务微信及政务 APP 是主要的电子服务渠道。为获得该指数，研究团队主要从信息服务能力、事务服务能力、参与服务能力、服务提供能力、服务创新能力等方面对省（直辖市）、地级市政府政务网站、政务微博、政务微信及政务 APP 进行了测评。

二　省市政府政务网站服务能力指数

（一）直辖市政务网站服务能力指数

1. 直辖市政务网站服务能力指数

表 2－1　　直辖市政务网站服务能力指数

排名	直辖市	指数	排名	直辖市	指数
1	北京市	78.16	3	天津市	57.71
2	上海市	72.80	4	重庆市	56.37

2. 整体概况

四个直辖市中，北京市政务网站的服务能力指数位列第一，信息发布及时，网上办事方便，网站便捷易用，稳定可靠，在信息服务能力和事务服务能力上表现突出。上海市和天津市分列第二、第三位，政务网站服务提供能力值得肯定。

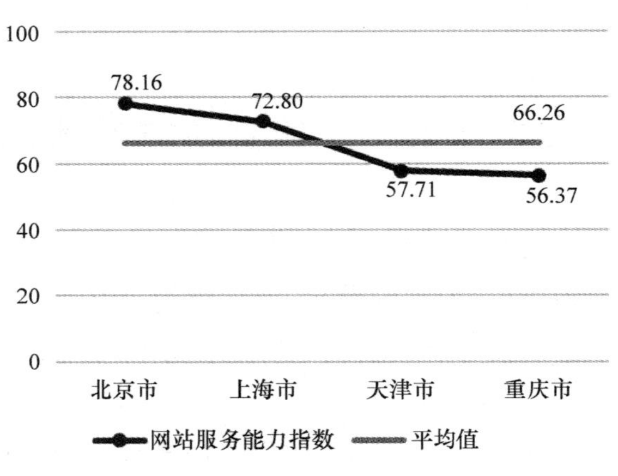

图 2－1　直辖市政务网站服务能力指数

总体来看，直辖市政务网站的信息服务能力、服务提供能力均处于高水平，指数均值分别为 95. 24、81. 81；服务创新能力、事务服务能力较低，指数均值分别为 63. 08、53. 52；参与服务能力低，指数均值为 32. 39。具体而言，北京市除了服务创新能力相对落后，在其他维度上均有良好表现，其网站的各项功能都趋于完善；上海市除了参与服务能力相对逊色，在其他维度上表现良好；天津市的信息服务能力和服务创新能力出色，其他方面稍显逊色；重庆市信息服务能力出色，其他方面则相对一般。

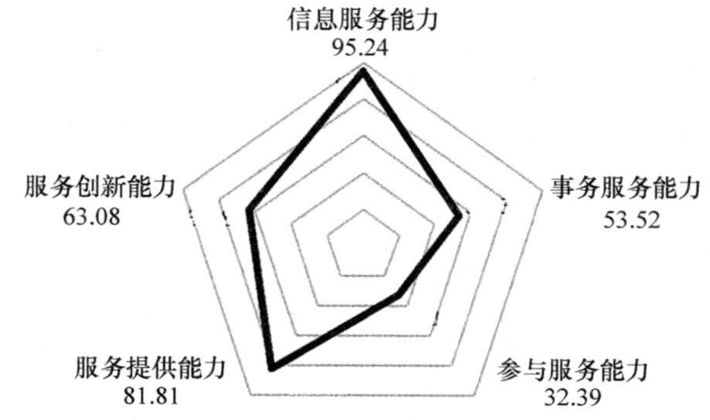

图2－2　直辖市政务网站服务子能力总体指数

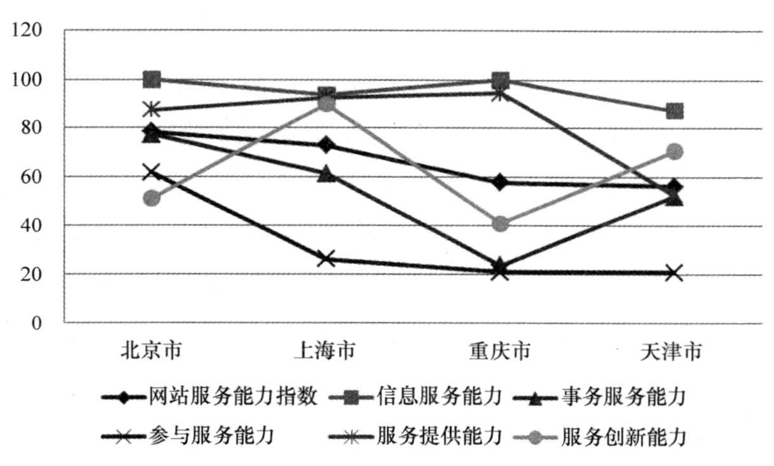

图2－3　各直辖市政务网站服务子能力指数

(二) 省级政务网站服务能力指数

1. 省级政务网站服务能力指数

表2－2　省级政务网站服务能力指数

排名	省（自治区）	指数	排名	省（自治区）	指数	排名	省（自治区）	指数
1	贵州省	83.72	5	江苏省	72.06	9	湖南省	67.87
2	福建省	83.33	6	湖北省	71.84	10	甘肃省	66.95
3	广东省	79.50	7	江西省	71.24	11	山西省	66.05
4	青海省	73.14	8	海南省	68.46	12	陕西省	64.99

续表

排名	省（自治区）	指数	排名	省（自治区）	指数	排名	省（自治区）	指数
13	河北省	64.31	18	山东省	60.71	23	辽宁省	56.11
14	内蒙古自治区	63.77	19	浙江省	60.62	24	安徽省	55.95
15	吉林省	63.68	20	宁夏回族自治区	60.18	25	新疆维吾尔自治区	51.12
16	黑龙江省	62.65	21	云南省	59.58	26	西藏自治区	47.67
17	四川省	62.63	22	广西壮族自治区	57.72	27	河南省	42.37

2. 整体概况

在省级政务网站中，贵州省、福建省、广东省服务能力指数分列前三位。这3个政府的网站在信息服务能力、服务提供能力上表现突出，其中贵州省政务网站凭借在各个测评项目中的均衡表现，跻身首位，福建省凭借高效、健全的用户反馈机制为公众参政议政、建言献策提供了畅通的渠道，广东省政务服务平台具有透明化的办事流程，实现了部分业务在线全程办理。排名靠后的省（自治区）在事务服务能力、参与服务能力上明显不足，难以实现百姓日常关心事项的网上办理，同时普遍缺乏对社会公众咨询的及时有效反馈。

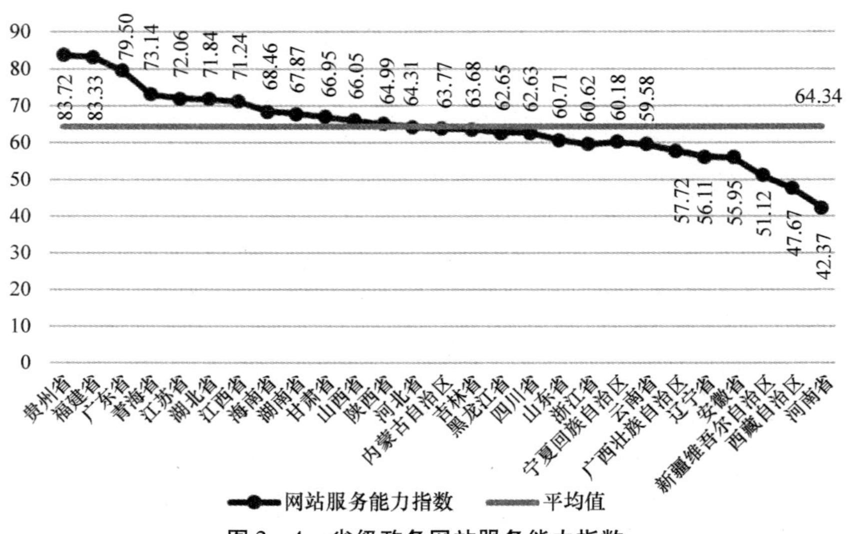

图2-4 省级政务网站服务能力指数

从服务能力的子能力维度来看，各省政务网站信息服务能力、服务提供能力突出，指数均值分别高达91.41、86.22；服务创新能力尚可，指数均值为63.36；事务服务能力、参与服务能力明显落后，指数均值分别为47.96、28.15。具体而言，各省政务网站的服务提供能力及信息服务能力相当，而事务服务能力、参与服务能力、服务创新能力参差不齐。

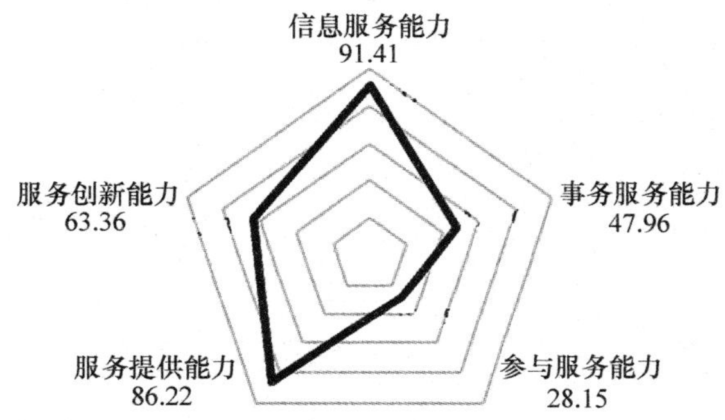

图2－5　省级政务网站服务子能力总体指数

从网站服务能力的区间分布来看，贵州省和福建省的网站服务能力处于高水平，占比7.41%，指数均值为83.52；广东省、青海省、江苏省、湖北省等18个省（自治区）的网站服务能力处于中等水平，占比66.67%，指数均值为66.7；云南省、广西壮族自治区、辽宁省等7个省（自治区）的网站服务能力水平较低，指数均值为52.93，占比25.92%。

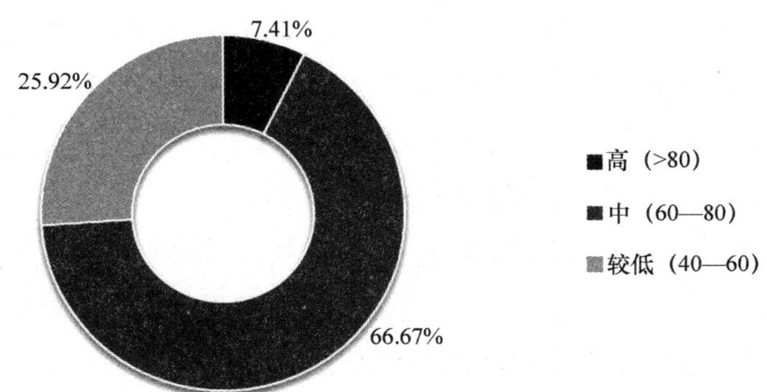

图2－6　省级政务网站服务能力指数区间分布

表 2－3　　省级政务网站服务能力指数区间分布

高（＞80）	中（60—80）	较低（40—60）	低（0—40）	无
贵州省	广东省	云南省		
福建省	青海省	广西壮族自治区		
	江苏省	辽宁省		
	湖北省	安徽省		
	江西省	新疆维吾尔自治区		
	海南省	西藏自治区		
	湖南省	河南省		
	甘肃省			
	山西省			
	陕西省			
	河北省			
	内蒙古自治区			
	吉林省			
	黑龙江省			
	四川省			
	山东省			
	浙江省			
	宁夏回族自治区			

（三）地级市政务网站服务能力指数

在地级市政务网站服务能力指数中，岳阳市凭借参与服务能力、服务创新能力的突出成绩位列第一。其政务网站不仅能便捷、及时地提供各类政务服务，积极地采纳公众的意见与建议，也能有效利用社交平台分享、传播政务服务信息。中山市和佛山市分列第二、第三位，二者在各个评价指标的表现上相对均衡，各项能力都相对出色。排名靠后的地级市政务网站在事务服务能力和服务创新能力上处于劣势，线上服务事项的办理起步晚、不完善，未能有效地利用社交平台传播政务信息，整体实力与排名前列的地级市有很大差距。

从地级市政务网站服务能力的子能力维度来看，信息服务能力、服务提供能力突出，达到较高水平，指数均值分别为83.75、82.43；服务创新能力较低，指数均值为61.98；事务服务能力和参与服务能力低下，指数均值分别为37.72、26.85。

这说明当前各地级市政务网站以信息发布为主，网站建设也相对成熟，但在事务服务和参与互动等方面还有待进一步完善。

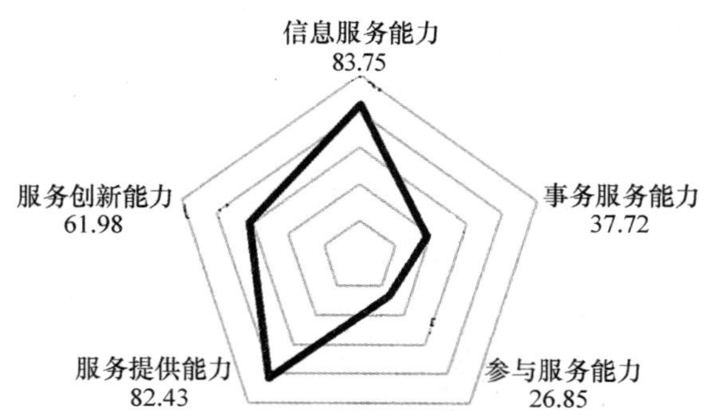

图2-7 地级市政务网站服务子能力总体指数

从网站服务能力的地域分布来看，广东省、浙江省、江苏省、贵州省、江西省、湖北省均有网站服务能力处于较高水平的地级市；中等水平的地级市主要集中在广东省、安徽省、江苏省、湖南省、四川省等，其中贵州省达到中等服务水平的地级市占总城市的比重最高，近80%。

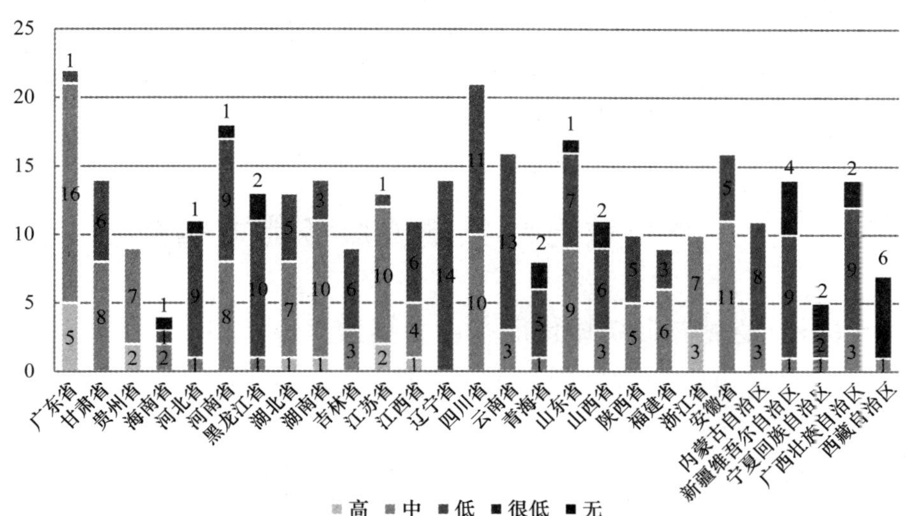

图2-8 各地级市政务网站服务能力指数地域分布

从网站服务能力的区间分布来看，岳阳市、中山市、佛山市等15个地级市服务能力高，指数均值为83.82，占比4.49%；咸宁市、泉州市、漳州市等140个地级市的网站服务能力处于中等水平，指数均值为68.93，占比41.92%，高出全国平均水平17.03%；兴安盟、衡水市等155个地级市政务网站服务能力低，指数均值为51.08，占比46.41%，较全国平均水平低13.28%；24个地级市的网站服务能力很低，指数均值为35.28，占比7.19%，较全国平均水平低40.10%。

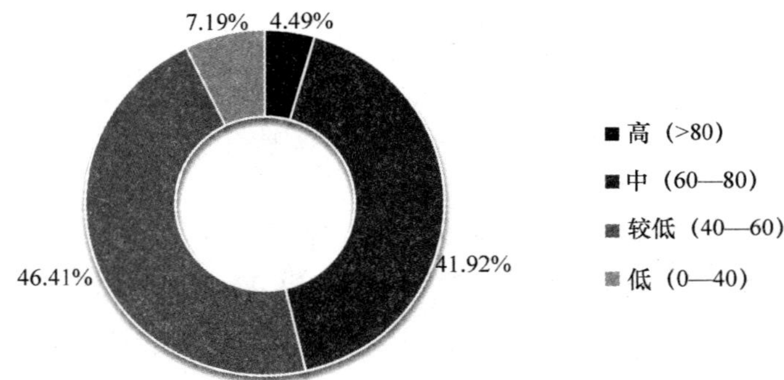

图2-9 地级市政务网站服务能力指数区间分布

总的来说，与2017年版政务网站服务能力指数对比，各直辖市政务网站服务能力指数变化不大，各市级政务网站服务能力指数有所提高。

三 省市政府政务微博服务能力指数

（一）直辖市政务微博服务能力指数

1. 直辖市政务微博服务能力指数

表2-4 直辖市政务微博服务能力指数

排名	城市	指数	排名	城市	指数
1	北京市	94.84	3	重庆市	88.90
2	上海市	93.65	4	天津市	87.31

2. 整体概况

4 个直辖市中，北京市政务微博（“北京发布”）和上海市政务微博（“上海发布”）分列第一、第二位，在微博影响力、信息服务能力和服务创新能力上均有良好表现。“上海发布”在信息原创率和数据的权威性上稍逊于北京。重庆市政务微博在影响力和信息发布的权威性、及时性等方面表现较好，但受注册时间短的影响，排名第三位。天津市政务微博的信息服务能力相对落后，排名第四位。

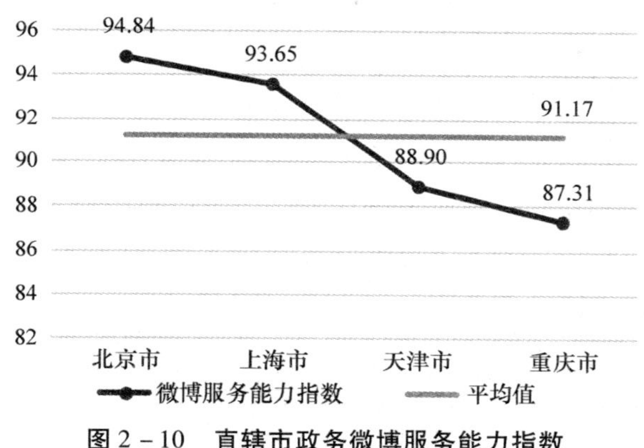

图 2－10　直辖市政务微博服务能力指数

从微博服务能力的子能力维度指数来看，4 个直辖市的各项服务能力均达到中等以上水平，其中信息服务能力、服务提供

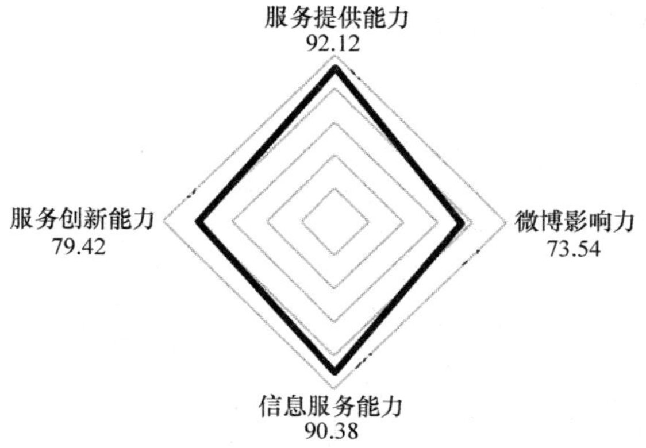

图 2－11　直辖市政务微博服务子能力总体指数

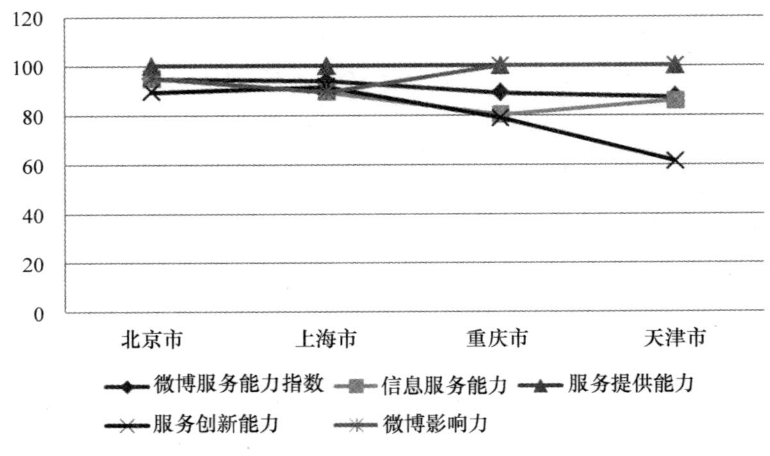

图 2－12　各直辖市政务微博服务子能力指数

能力较为出色；服务创新能力、微博影响力处于中等偏上水平。具体而言，各直辖市的信息服务能力、服务提供能力相对均衡，而服务创新能力、微博影响力则参差不齐。

与 2017 年版微博服务能力指数对比，直辖市排名没有发生变化，但 4 个直辖市的微博服务能力指数均有明显增长。从微博服务能力指数的组成维度来看，服务提供能力、信息服务能力和微博影响力较 2017 年版有明显增长，但服务创新能力相较 2017 年版增长不大。

（二）省级政务微博服务能力指数

1. 省级政务微博服务能力指数

表 2－5　省级政务微博服务能力指数

排名	省（自治区）	指数	排名	省（自治区）	指数	排名	省（自治区）	指数
1	四川省	91.90	5	河北省	88.76	9	广东省	77.69
2	吉林省	91.61	6	江苏省	87.54	10	湖北省	76.07
3	甘肃省	91.35	7	内蒙古自治区	86.08	11	浙江省	75.41
4	陕西省	90.46	8	贵州省	79.29	12	山东省	75.23

续表

排名	省（自治区）	指数	排名	省（自治区）	指数	排名	省（自治区）	指数
13	江西省	74.62	18	云南省	69.51	23	黑龙江省	65.20
14	新疆维吾尔自治区	73.55	19	宁夏回族自治区	69.50	24	青海省	64.98
15	河南省	73.15	20	安徽省	68.92	25	福建省	57.13
16	湖南省	72.31	21	海南省	68.79	26	辽宁省	52.57
17	西藏自治区	69.95	22	山西省	67.82	27	广西壮族自治区	15.30

2. 整体概况

在省级政务微博服务能力指数中，四川省、吉林省、甘肃省分列前三位。这 3 个政务微博的上线时间都比较早，在日均发博数量、粉丝规模以及微博影响力的表现上也相对突出。排名末位的省级政务微博大都注册较晚，在粉丝规模和微博影响力上与其他省（自治区）存在较大差距。

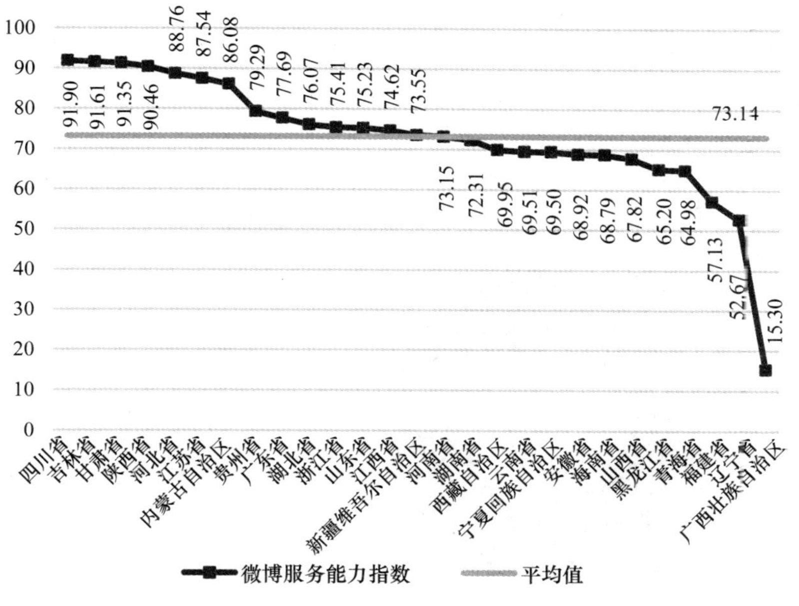

图 2－13　省级政务微博服务能力指数

从微博服务能力的组成维度来看，各省级政务微博服务提供能力相对突出，指数均值高达85.19；服务创新能力、信息服务能力处于中等水平，指数均值分别为68.35、77.01；微博影响力水平较低，指数均值仅为65.12。具体而言，各省（自治区）的服务提供能力相对均衡，而信息服务能力、微博影响力以及服务创新能力则参差不齐。

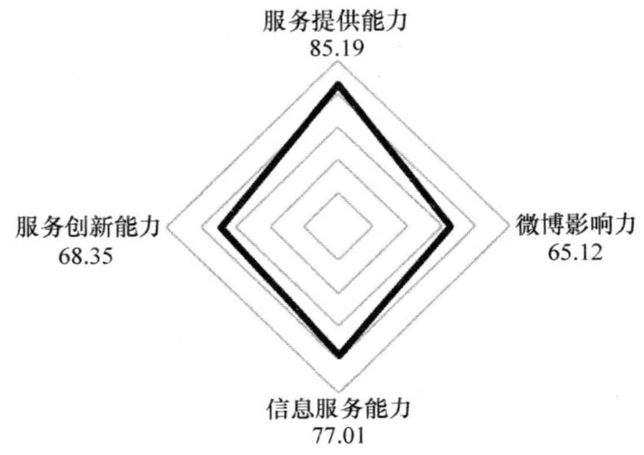

图2－14　省级政务微博服务子能力总体指数

从微博服务能力的区间分布来看，四川省、吉林省、甘肃省等7个省（自治区）的微博服务能力处于较高水平，占比11.11%，指数均值为89.67，高于全国平均水平22.6%；贵州省、广东省、湖北省等17个省（自治区）的微博服务能力处于

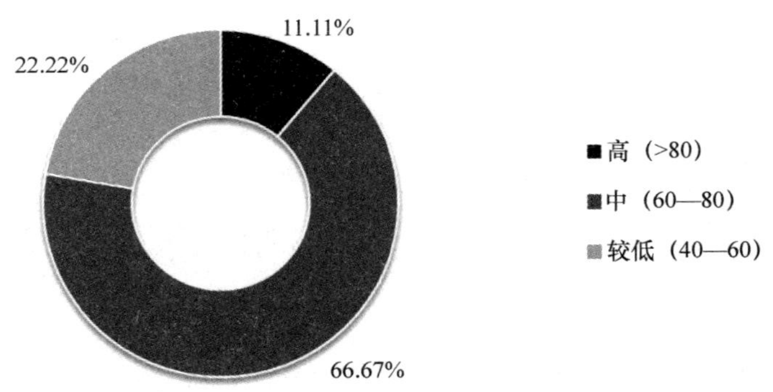

图2－15　省级政务微博服务能力指数区间分布

中等水平，占比66.67%，指数均值为71.88，低于全国平均水平1.72%；福建省和辽宁省的微博服务能力水平较低，占比22.22%，指数均值为54.90，低于全国平均水平24.94%。

表2-6　省级政务微博服务能力指数区间分布

高（>80）	中（60—80）	较低（40—60）	低（0—40）	无
四川省	贵州省	福建省	广西壮族自治区	
吉林省	广东省	辽宁省		
甘肃省	湖北省			
陕西省	浙江省			
河北省	山东省			
江苏省	江西省			
内蒙古自治区	新疆维吾尔自治区			
	河南省			
	湖南省			
	西藏自治区			
	云南省			
	宁夏回族自治区			
	安徽省			
	海南省			
	山西省			
	黑龙江省			
	青海省			

与2017年版省级政务微博服务能力指数相比，吉林省政务微博发展水平大幅提升，由2017年版的第七名跃升为第二名，各项指标表现突出。在省级政务微博指数区间分布方面，微博指数大于80的省（自治区）数目大幅度增多，微博指数小于60的省（自治区）大幅度减少。

（三）地级市政务微博服务能力指数

在地级市政务微博服务能力指数中，深圳市、宿迁市和青岛市位列前三名。这3个地级市的政务微博在微博影响力、服务创新能力、信息服务能力上均有出色表现。排名靠后的地级市中，有一些尚未开通政务微博，难以发挥微博互动交流的媒介作用；另一些得分较低的地级市多为新注册账号，尚未积累一定的粉丝数量，且发布微博的形式单一，缺乏原创性，难以吸引微博用户。

从微博服务能力的子能力维度来看，各地级市整体的信息服务能力、服务提供能力仍未达到较高水平，指数均值分别为68.11、69.04；服务创新能力、微博影响力水平较低，指数均值分别为56.38、45.90，说明当前地级市政府在政务微博的运营管理和使用上仍处在探索时期，且主要将微博作为信息发布的工具，其他功能有待进一步开发。

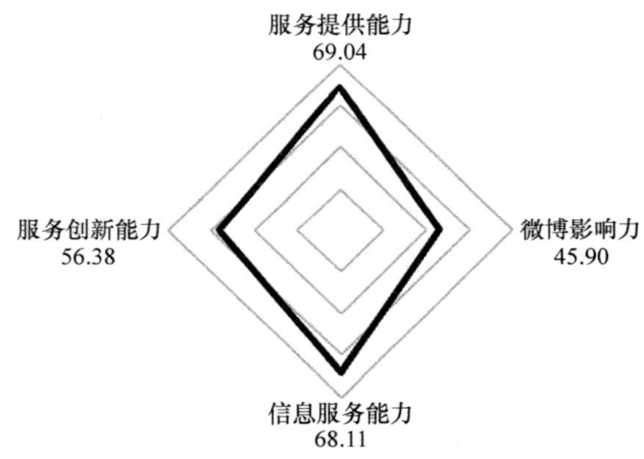

图2-16 地级市政务微博服务子能力总体指数

从微博服务能力的地域分布来看，四川省和广东省位居前两位，分别有10个和8个地级市达到高水平，较其他省（自治区）遥遥领先。安徽省、广东省、湖北省、江苏省、江西省、山东省、四川省、新疆维吾尔自治区、浙江省均有10个及以上的地级市微博服务能力达到中等水平及以上；其中，江西省全部地级市的微博服务能力皆在中等水平之上。此外，辽宁、河南、广西等过半省（自治区）均有一定比例的地级市尚未开通政务微博。

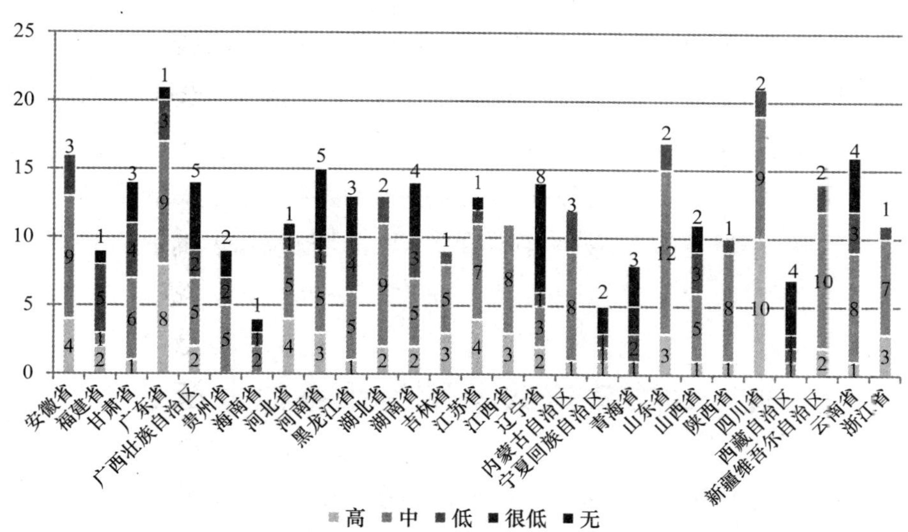

图 2－17　地级市政务微博服务能力指数地域分布

从微博服务能力的区间分布来看，深圳市、宿迁市、青岛市、南昌市等 64 个地级市的微博服务能力较强，指数均值为 84.89，占比 19.16%，高出全国平均水平 42.86%；北海市、巴彦淖尔市等 159 个地级市政务微博服务能力处于中等水平，占比 47.60%，指数均值为 70.70，高出全国平均水平 18.98%；金华市、黑河市等 57 个地级市政务微博服务能力较低，指数均值为 52.82，占比 17.06%，较全国平均水平低 11.11%；南阳市、黄南藏族自治州等 5 个地级市政务微博服务能力低，指数均值为 32.33，占比 1.50%，较全国平均水平低 45.59%；此

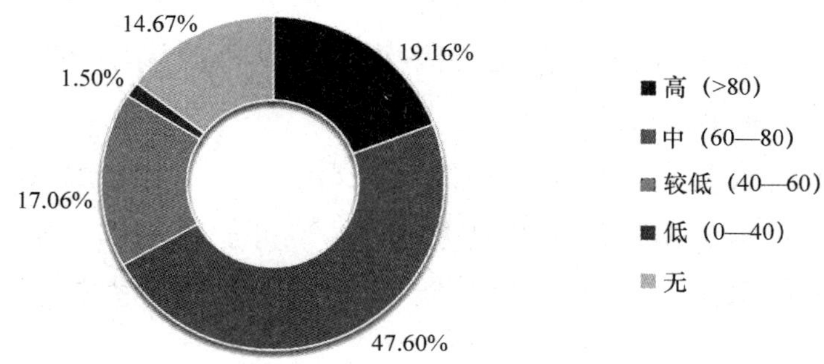

图 2－18　地级市政务微博服务能力指数区间分布

外，仍有49个地级市尚未开通政务微博，占比14.67%。

地级市政务微博指数方面，指数大于80的地级市大幅增多，指数在40—60的地级市大幅减少，地级市政务微博逐渐向高水平发展。从微博服务能力的各个维度来看，与2017年版相比，地级市政务微博服务提供能力增长明显，且高于其他3个维度。

四 省市政府政务微信服务能力指数

（一）直辖市政务微信服务能力指数

1. 直辖市政务微信服务能力指数

表2－7 直辖市政务微信服务能力指数

排名	直辖市	指数	排名	直辖市	指数
1	北京市	72.43	3	重庆市	62.29
2	上海市	62.41	4	天津市	39.49

2. 整体概况

4个直辖市中，北京市政务微信服务能力指数位列第一，不仅能及时发布市民所需的信息，而且能同时较好实现政务事务的在线办理。上海市和重庆市政务微信服务能力指数基本持平，在参与服务能力和微信影响力等方面稍逊一筹。目前，各直辖市的政务微信主要以信息发布为主，逐步向提供事务服务、参与服务的方向迈进。

从微信服务能力的子能力维度来看，4个直辖市整体的信息服务能力较强，指数均值高达89.47；事务服务能力和微信影响力处于中等水平，而服务提供能力与参与服务能力较弱。具体来看，各直辖市的服务提供能力水平相当，事务服务能力、参与服务能力则与其微信指数相对应。天津市的信息服务能力表

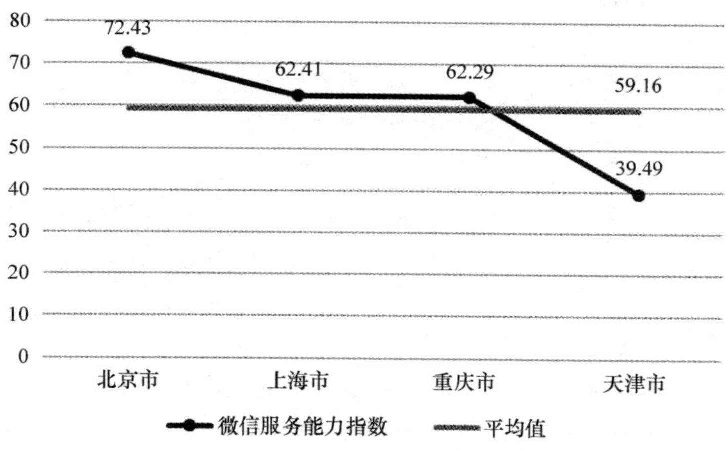

图 2-19 直辖市政务微信服务能力指数

现突出，事务服务能力和参与服务能力相对较弱。上海市的参与服务能力较为优秀，微信影响力则稍逊一筹。北京市五个服务子能力水平较为平均，皆高于平均值。重庆市虽然微信指数不低，但各项服务能力均不是特别突出。

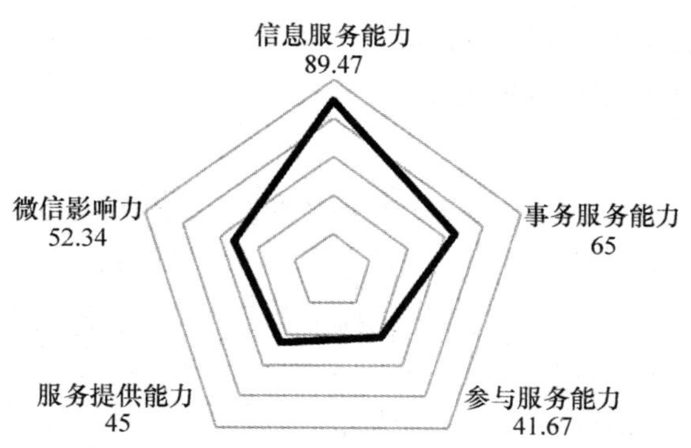

图 2-20 直辖市政务微信服务子能力总体指数

直辖市政务微信服务能力指数排名与 2017 年版相同。其中，北京市与上海市的微信服务能力指数较 2017 年版稍有下降，重庆市和天津市的微信服务能力指数有小幅上涨。天津市微信服务平台依然缺少事务服务与参与服务部分，5 个二级指标得分与 2017 年版相比趋于平均，信息服务能力指标依然遥遥领

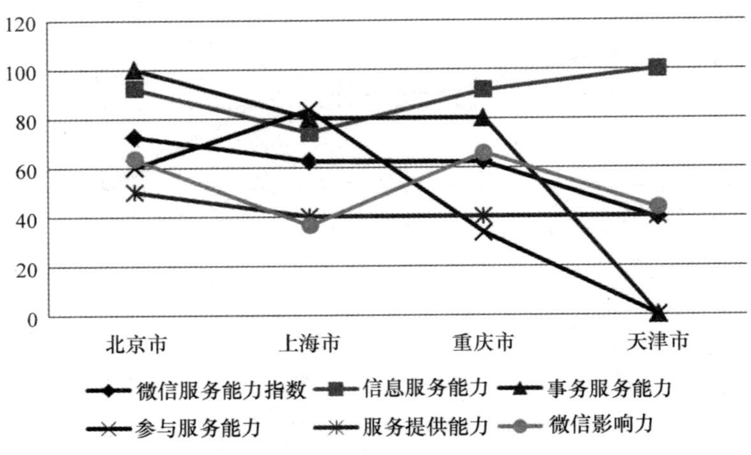

图 2－21 各直辖市政务微信服务子能力指数

先其他指标。可见，政务微信服务仍停留在信息服务阶段，事务服务、参与服务和服务提供能力仍有较大提升空间，是今后电子政务的主要发展方向。

（二）省级政务微信服务能力指数

1. 省级政务微信服务能力指数

表 2－8 省级政务微信服务能力指数

排名	省（自治区）	指数	排名	省（自治区）	指数	排名	省（自治区）	指数
1	广东省	75.50	10	海南省	56.23	19	黑龙江省	44.09
2	贵州省	73.22	11	江西省	56.11	20	青海省	41.02
3	浙江省	66.75	12	湖北省	54.45	21	江苏省	35.89
4	西藏自治区	66.35	13	云南省	53.38	22	山东省	34.62
5	河南省	63.70	14	吉林省	51.33	23	陕西省	33.71
6	四川省	61.30	15	内蒙古自治区	51.21	24	新疆维吾尔自治区	32.83
7	湖南省	60.87	16	福建省	45.81	25	辽宁省	29.90
8	山西省	59.65	17	甘肃省	44.68	26	宁夏回族自治区	29.38
9	河北省	58.07	18	安徽省	44.56	27	广西壮族自治区	22.20

2. 整体概况

在省级政务微信服务能力指数排名中，广东省位列第一，贵州省、浙江省、西藏自治区、河南省分列第二至五名。排名靠前的省级政务微信在用户规模和用户活跃度方面处于全国领先地位。虽然所有省份皆已开通政务服务微信公众号，但是部分已开通政务微信的省（自治区）因其内容更新不及时、服务内容单一而难以发挥微信平台的服务功能。

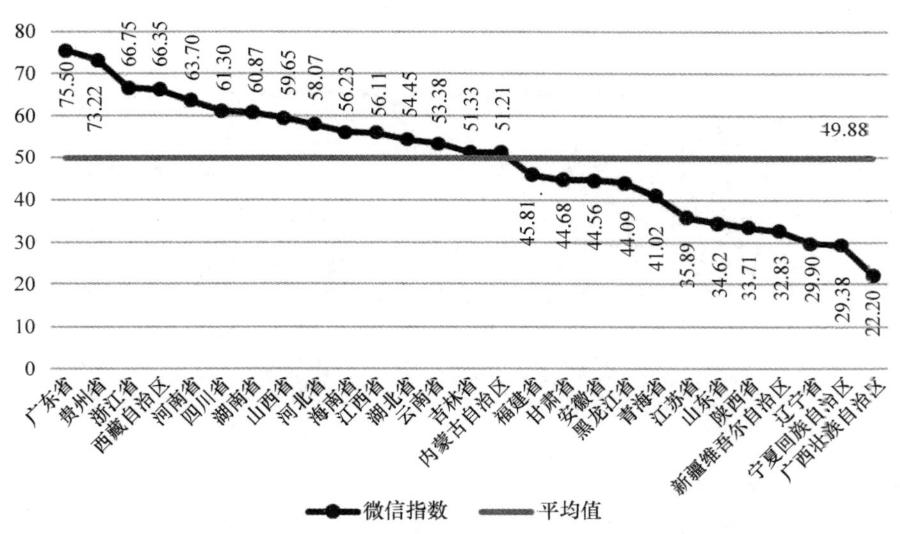

图 2-22 省级政务微信服务能力指数

从微信服务能力的子能力指数来看，各省（自治区）政务微信整体的信息服务能力突出，微信影响力次之，而事务服务能力、服务提供能力、参与服务能力则亟待提升。具体来看，各维度指数与微信总指数对比差异较大，省级微信渠道的各项服务能力参差不齐，微信服务仍处于信息发布的阶段，事务服务、服务提供、参与服务能力亟待提升，与实现“一站式”政务服务目标仍有一定距离。

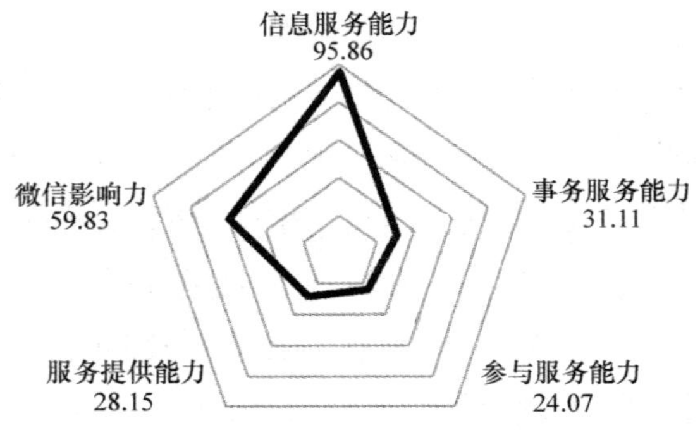

图 2－23　省级政务微信服务子能力总体指数

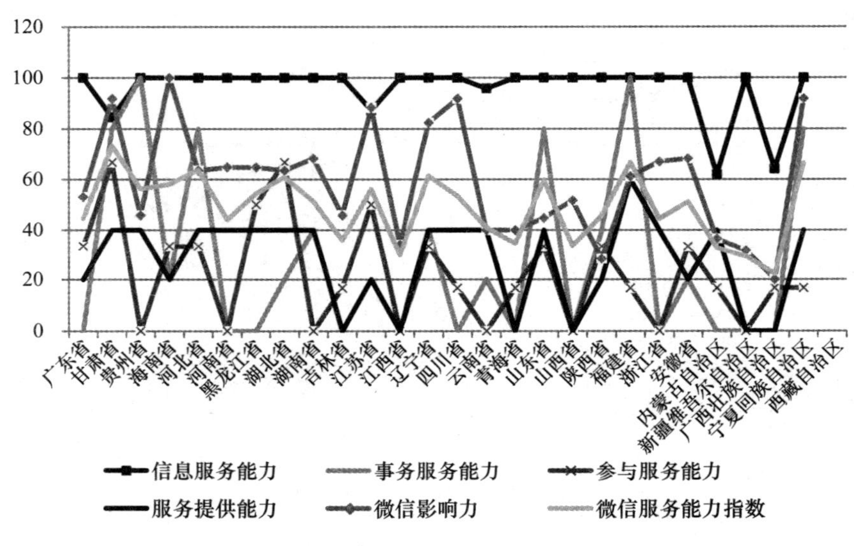

图 2－24　省级政务微信服务子能力指数

从微信服务能力的区间分布来看，有 7 个省（自治区）的微信服务能力处于中等水平，其指数均值为 66. 81，占比 25. 93%，高出全国平均水平 33. 94%，分别是广东省、贵州省、浙江省、西藏自治区、河南省、四川省、湖南省；其次，山西省、河北省等 13 个省（自治区）的微信服务能力处于较低水平，占比 48. 15%，指数均值为 50. 82，高出全国平均水平 1. 87%；江苏省、山东省等 7 个省（自治区）的微信服务能力处于低水平，占比 25. 92%，指数均值为 31. 22，较全国平均水平低37.4%。另外，2017年版3个尚无政务微信服务渠道的自治区（新疆维吾尔自治区、广西壮族自治区、宁夏回族自治区）均已开通政务微信。

表2-9　　省级政务微信服务能力指数区间分布

高（>80）	中（60—80）	较低（40—60）	低（0—40）	无
	广东省	山西省	江苏省	
	贵州省	河北省	山东省	
	浙江省	海南省	陕西省	
	西藏自治区	江西省	新疆维吾尔自治区	
	河南省	湖北省	辽宁省	
	四川省	云南省	宁夏回族自治区	
	湖南省	吉林省	广西壮族自治区	
		内蒙古自治区		
		福建省		
		甘肃省		
		安徽省		
		黑龙江省		
		青海省		

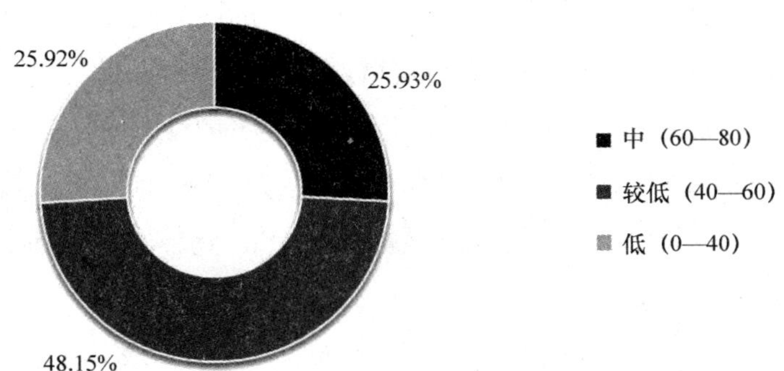

图2-25　省级政务微信服务能力指数区间分布

在省级政务微信服务能力指数方面，与2017年版相比总体分布趋势一致，且所有省（自治区）均已开通微信服务平台。在国家推进贵州大数据中心建设的政策支持下，贵州省政务微信发展水平大幅提升，由2017年版的第十五名跃升为第二名，各项指标表现突出。较2017年版增加了5个微信指数达到中等水平的省级政府；5个二级指标均有不同幅度的上涨，微信影响力与参与服务能力评分的增长皆超过10分；20个省级政务微信平台信息服务能力获得满分，信息服务能力指数均值高达95.86分；除新疆维吾尔自治区和广西壮族自治区，所有省（自治区）信息服务能力均达到高水平，但其他4个指标与其差距过大，发展并不平衡。

（三）地级市政务微信服务能力指数

在地级市政务微信服务能力指数中，南昌市位列第一，邢台市、贵港市、汉中市、雅安市分列第二至五名。这5个城市的政务微信都能实现权威、准确、及时的信息发布，且事务服务的流程清晰、入口易寻。排名靠后的地级市目前仅通过政务微信进行信息发布，其他拓展功能还未上线。政务微信指数均值为41.74，总体服务水平较低。其中178个地级市政务指数超过全国平均水平，占比53.29%；仅31个地级市政务微信服务能力达到中等水平，占比9.28%。另外，有7个地级市还未开通政务微信公众号，分别是朝阳市、大连市、鹤壁市、三沙市、阿坝藏族羌族自治州、迪庆藏族自治州、海北藏族自治州。

从微信服务能力的组成维度来看，各地级市整体的信息服务能力均值为81.83，处于高水平；而服务提供能力、微信影响力、事务服务能力、参与服务能力较弱，整体发展欠佳，难以发挥微信平台的服务潜能。

从微信服务能力的地域分布来看，尚无地级市达到较高政务微信服务能力水平的省份。在处于中等水平的地级市中，广东省上榜城市最多，为4个；其次为江苏省，有3个城市上榜。其他省（自治区）地级市的微信服务能力多处于较低甚至更低水平。海南省、河南省、辽宁省等6个省（自治区）均有1—2个地级市尚未开通政务微信。

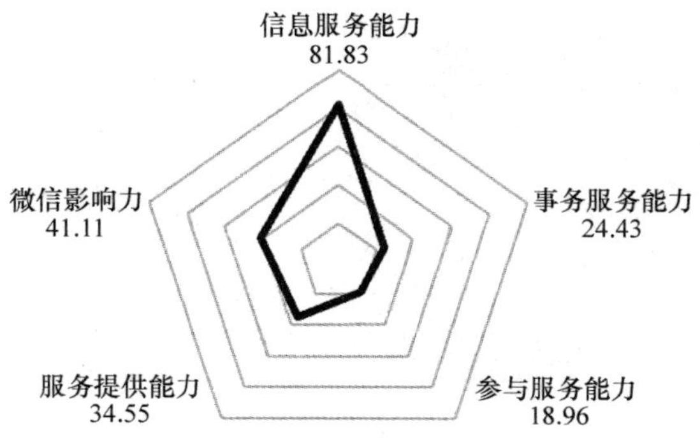

图 2－26　地级市政务微信服务子能力总体指数

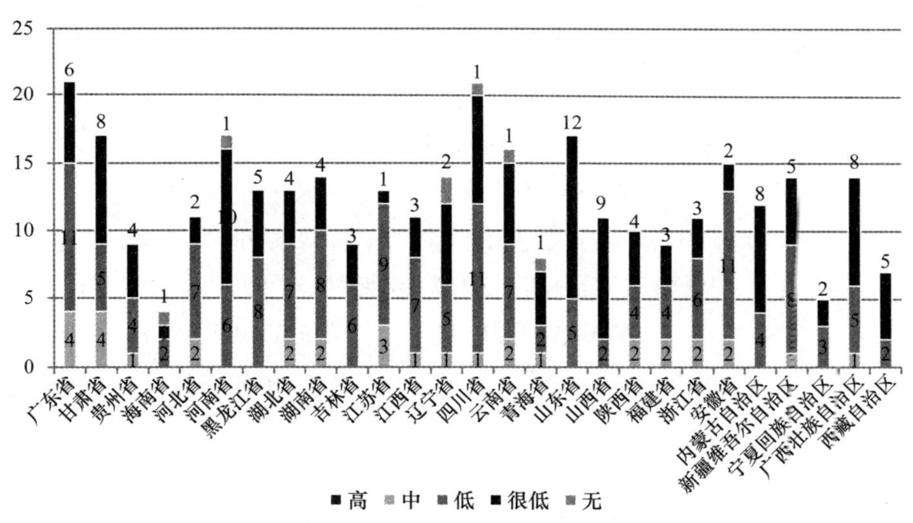

图 2－27　地级市政务微信服务能力指数地域分布

从微信服务能力的区间分布来看，尚无地级市的政务微信服务能力达到较高水平；南昌市、邢台市、贵港市和汉中市等31个地级市微信指数达60以上，占比9.28%；佛山市、岳阳市等165个地级市的微信服务能力处于较低水平，占比49.40%；铜川市、朔州市等131个地级市的微信服务能力低，占比39.22%。另外，仍有7个地级市尚未开通微信服务渠道，占比2.10%。

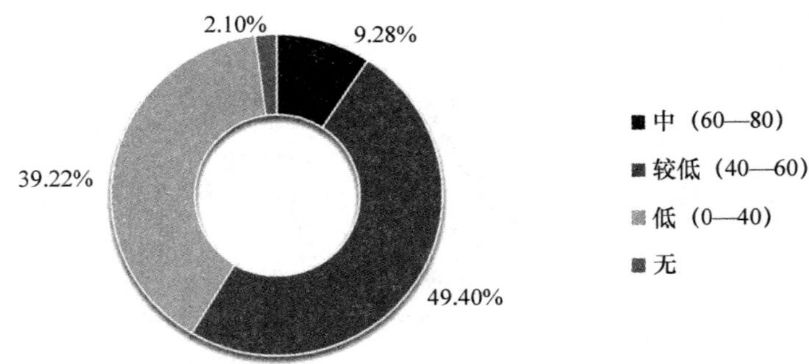

图 2－28　地级市政务微信服务能力指数区间分布

2017 年版有 93 个地级市未开通微信服务平台，此次测评仅有 7 个地级市无官方政务微信服务渠道。2017 年版汕头市、宜昌市和江门市评分均超过 80 分，微信服务能力处于高水平，但此次测评因指标与评分标准的调整，无地级市达到高水平标准，中等水平地级市数量也略有下降，但整体水平呈上升趋势；5 个二级指标均有不同程度上涨，其中信息服务能力上涨超过 20 分，从 61.69 增加至 81.83。2017 年版排名前五的城市分别为汕头市（85.54）、宜昌市（84.71）、江门市（81.38）、邯郸市（79.15）、广州市（78.42），此次测评除广州市仍处于第 7 名的位置，其他 4 市均下降至第 15 名之后。

五　省市政府政务 APP 服务能力指数

（一）直辖市政务 APP 服务能力指数

1. 直辖市政务 APP 服务能力指数

表 2－10　直辖市政务 APP 服务能力指数

排名	直辖市	指数	排名	直辖市	指数
1	北京市	69.42	3	上海市	54.63
2	重庆市	66.39	4	天津市	0

2. 整体概况

4 个直辖市中，北京市的政务 APP 服务能力位列第一，不仅功能全面、信息完备，且能很好地迎合用户的使用习惯。重庆市和上海市分列第二、三位，在信息的丰富度、APP 使用体验以及用户反馈机制上稍显逊色。截至测评时，天津市尚未开通政务 APP 服务渠道。

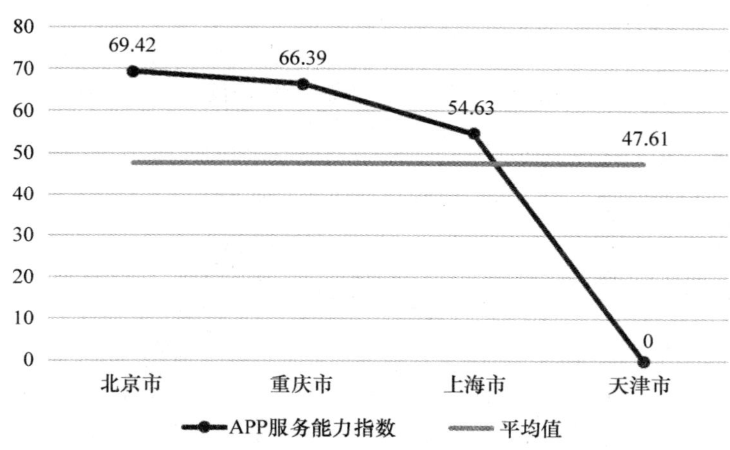

图 2-29 直辖市政务 APP 服务能力指数

从 APP 服务能力的总体维度指数来看，3 个直辖市（除天津市外）整体的信息服务能力处于中等水平，指数均值为 63.48；事务服务能力很高，均为满分；服务提供能力、信息服务能力处于中上水平，指数均值分别为 83.32、81.17。具体来看，北京市除了参与服务能力，其余各个维度均为第一。各直辖市的参与服务能力整体很低，仅重庆市获得 10.15 分，其余城市均为 0 分。

2017 年版，直辖市排名次序为重庆市、上海市、北京市。此次测评，重庆市和上海市的 APP 指数稍有下降，北京市的 APP 指数则大幅提升跃居第一，天津市依然没有符合测评标准的官方政务 APP。

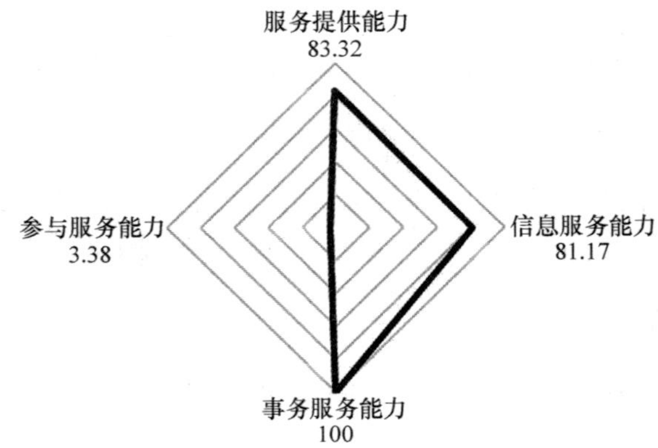

图 2－30　直辖市政务 APP 服务子能力总体指数（除天津市外）

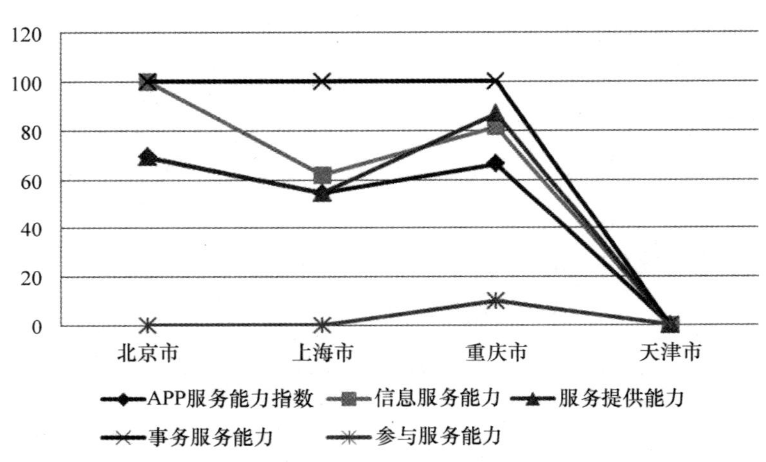

图 2－31　直辖市政务 APP 服务子能力指数

（二）省级政务 APP 服务能力指数

1. 省级政务 APP 服务能力指数

表 2－11　省级政务 APP 服务能力指数

排名	省（自治区）	APP 指数	排名	省（自治区）	APP 指数	排名	省（自治区）	APP 指数
1	四川省	69.70	4	河南省	49.00	7	浙江省	40.47
2	贵州省	64.13	5	湖北省	43.61	8	云南省	40.07
3	湖南省	52.85	6	河北省	41.97	9	新疆维吾尔自治区	36.54

续表

排名	省（自治区）	APP 指数	排名	省（自治区）	APP 指数	排名	省（自治区）	APP 指数
10	甘肃省	36.40	12	内蒙古自治区	34.14	14	辽宁省	32.90
11	广东省	35.33	13	西藏自治区	33.24	15	海南省	30.10

2. 整体概况

在省级政务 APP 服务能力指数中，四川省位列第一，贵州省、湖南省分列第二、第三名。其中，四川省的 APP 因其界面友好、类目清晰、操作便捷、信息服务时效性强和办事效率高等特点，备受用户好评。

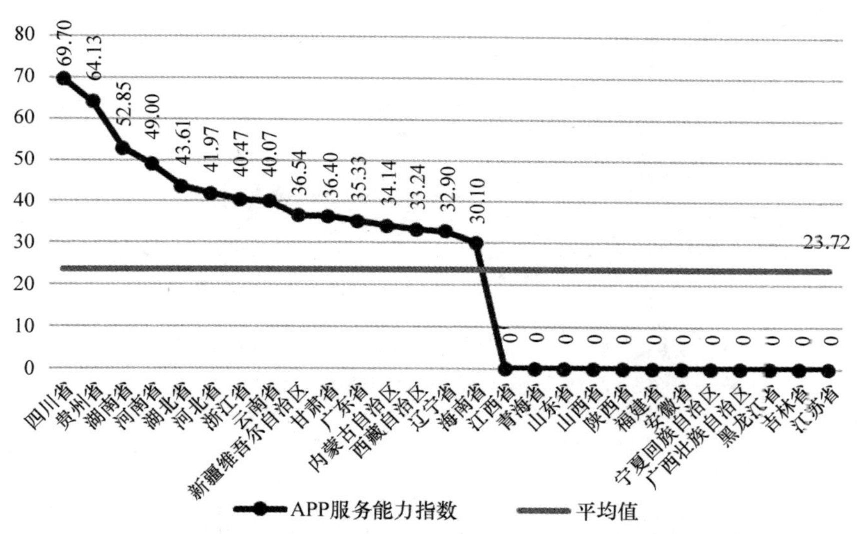

图 2－32　省级政务 APP 服务能力指数

从 APP 服务能力的组成维度来看，各省（自治区）政务 APP 整体的信息服务能力处于较低水平，事务服务能力、参与服务能力明显滞后，亟待提升。除了事务服务能力、参与服务能力，其余各个维度与 APP 服务能力的排名基本一致。总体而言，各省（自治区）的政务 APP 目前仍以提供信息服务为主，事务服务、参与服务等相关功能还处于起步阶段。

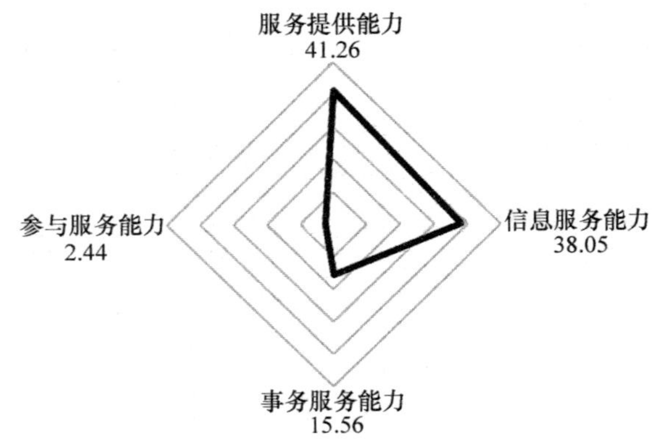

图2-33　省级政务APP服务子能力总体指数

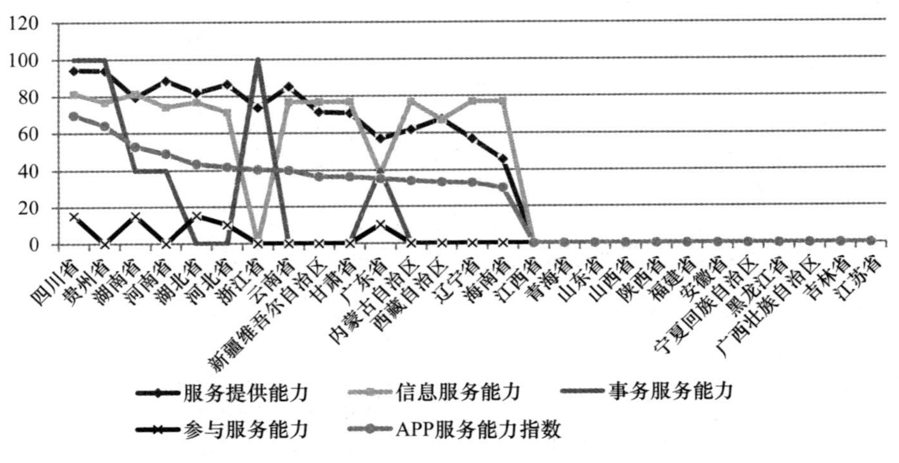

图2-34　省级政务APP服务子能力指数

从APP服务能力的区间分布来看，仅有四川省、贵州省的APP服务能力达到中等水平，占比7.41%，指数均值为66.92，高出全国平均水平182.1%；湖南省、河南省等6个省份的APP服务能力较低，占比22.22%，指数均值为44.66，高出全国平均水平88.29%；新疆维吾尔自治区、甘肃省等7个省（自治区）的APP服务能力很低，占比25.93%，指数均值为34.09，高于全国平均水平43.72%；另外，仍有12个省级政府尚未建成政务APP，占比44.44%。

表 2－12　　省级政务 APP 服务能力指数区间分布

高（>80）	中（60—80）	较低（40—60）	低（0—40）	无
	四川省	湖南省	新疆维吾尔自治区	江西省
	贵州省	河南省	甘肃省	青海省
		湖北省	广东省	山东省
		河北省	内蒙古自治区	山西省
		浙江省	西藏自治区	陕西省
		云南省	辽宁省	福建省
			海南省	安徽省
				宁夏回族自治区
				广西壮族自治区
				黑龙江省
				吉林省
				江苏省

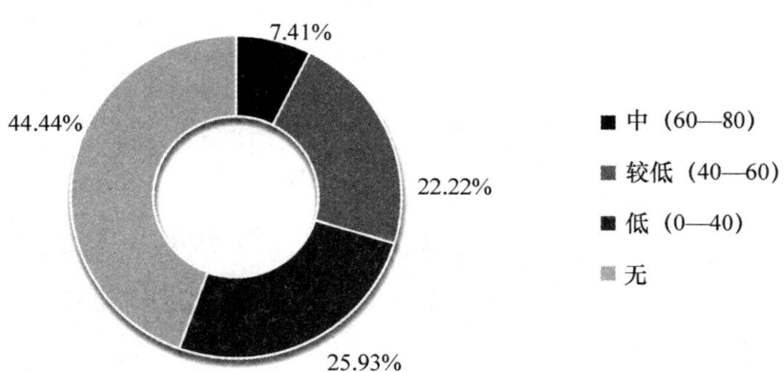

图 2－35　省级政府 APP 服务能力指数区间分布

省级政务 APP 服务指数较 2017 年版总体分布趋势保持不变。其中，四川省政务 APP 发展水平大幅提升，由 2017 年版的第 11 名跃升为第 1 名，各项指标表现突出。在 2017 年版的测评标准中严格规范了政务 APP 发布机构，由于部分省（自治区）政务 APP 发布机构不是规定的政府部门，故而在此次测评中没有得分。

（三）地级市政务 APP 服务能力指数

在地级市政务 APP 服务能力指数中，宁波市位列第一，黄石市、佛山市、延边朝鲜族自治州、泰州市分列第二至五名。截至测评时，仍有 148 个地级市尚未开通政务 APP。从 APP 服务能力的子能力指数来看，各地级市整体的信息服务能力、服务提供能力、事务服务能力、参与服务能力均处于低水平。

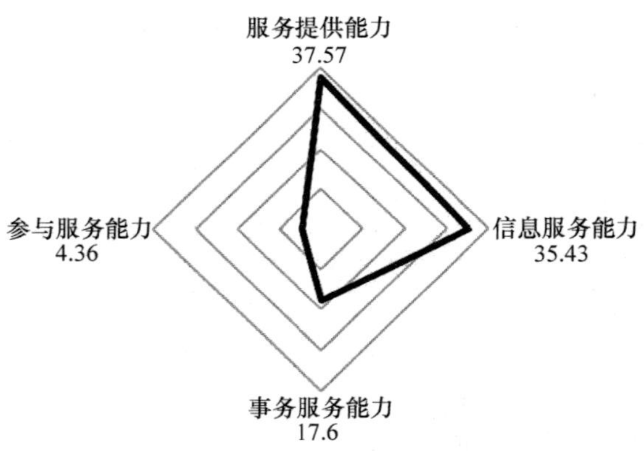

图 2－36　地级市政务 APP 服务子能力总体指数

从 APP 服务能力的地域分布来看，江苏省、湖北省、广东省均有 3 个城市处于中等水平。湖北省整体水平较高，云南省 APP 普及率高，但建设水平有待加强。吉林省和宁夏回族自治区虽然均有一个城市的 APP 服务能力处于中等水平，但剩下的城市均未开通 APP。总体来说，政务 APP 的服务建设进程与网站、微博相比仍有较大差距。

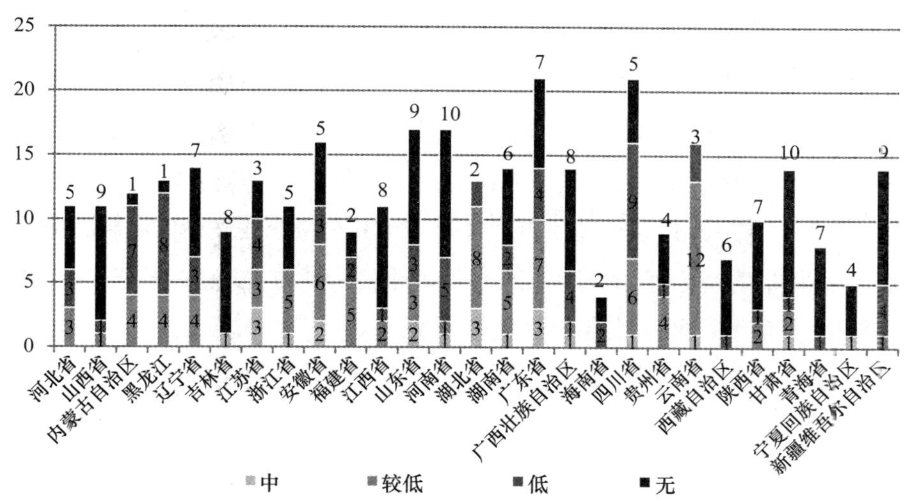

图 2－37　地级市政务 APP 服务能力指数地域分布

从 APP 服务能力的区间分布来看，宁波等 22 个地级市政务 APP 服务能力达到中等水平，占比 6. 58%，指数均值为 67. 27，高出全国平均水平 190. 58%；福州市、南充市等 89 个地级市的 APP 服务能力较低，指数均值为 46. 77，占比 26. 65%，高于全国平均水平 102. 03%；呼和浩特市、桂林市等 75 个地级市的 APP 服务能力低，占比 22. 46%，指数均值为 27. 86，高于全国平均水平 20. 34%；此外，仍有 148 个地级市尚未建成政务 APP，占比高达 44. 31%。

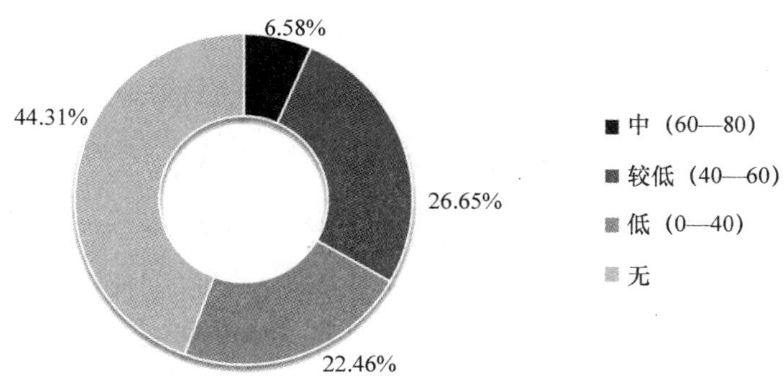

图 2－38　地级市政务 APP 服务能力指数区间分布

在地级市政务APP服务能力指数方面，总体情况好于2017年版，除却部分城市由于发布机构非政府官方部门没有成绩之外，其余城市政务APP发展水平稳中有升。2017年版排名前五的城市分别为宁波市（71.52）、西安市（70.41）、黑河市（69.67）、恩施土家族苗族自治州（68.49）、武汉市（68.26），此次测评，宁波市依旧保持领先，且各项数据均有提升，APP指数提升至89.51，详细数据见附录4。

第三章　省市政府电子服务能力综合指数

一　省市政府电子服务能力综合指数

（一）政府电子服务能力综合指数说明

政府电子服务能力综合指数是政务网站、“两微一端”四个渠道服务能力的综合测评指标，用以更加全面、客观地评价现阶段政府电子政务服务渠道的建设水平。其计算公式如下：

$$EGSAI_C = \sum_{i=1}^{4} \sigma_i EGSCI_i$$

其中，$EGSAI_C$ 为政府电子服务能力综合指数，σ_i 指权重，$EGSCI_i$ 为政府电子服务能力各渠道指数，$i=1$，2，3，4。

（二）直辖市政府电子服务能力综合指数

1. 直辖市政府电子服务能力综合指数

表3－1　**直辖市政府电子服务能力综合指数**

排名	直辖市	综合指数	网站指数	微博指数	微信指数	APP 指数
1	北京市	76.81	78.16	94.84	72.43	69.42
2	上海市	68.46	72.80	93.65	62.41	54.63
3	重庆市	64.75	56.37	88.90	62.29	66.39
4	天津市	42.17	57.71	87.31	39.49	0

2. 整体概况

4个直辖市中，北京市政府电子服务渠道建设综合水平位列第一，在政务网站和“两微一端”的建设上成效显著。上海市和重庆市分列第二、第三位，其“新媒体”渠道建设的完整性与易用性值得肯定。而天津市由于APP的缺失，其电子服务渠道建设的完整性还有待提高。

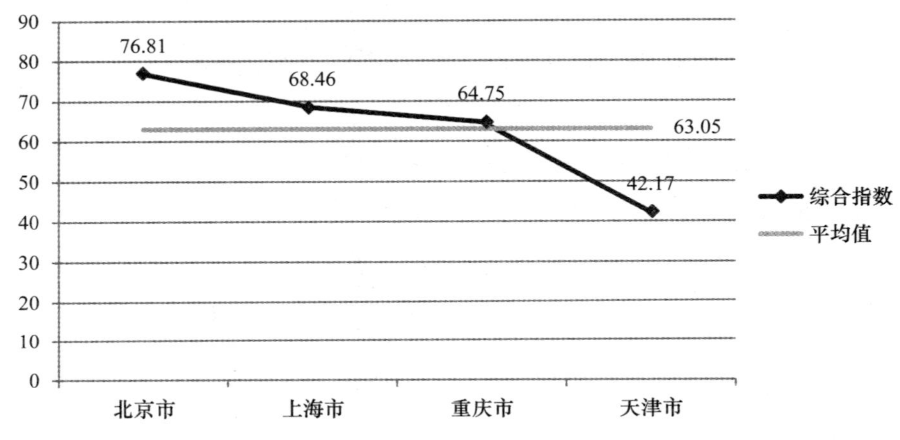

图3－1 直辖市政府电子服务能力综合指数

从政府电子服务能力综合指数的组成维度来看，4个直辖市中，北京市、上海市和重庆市各渠道之间建设和发展水平较为均衡，差异不大。而天津市则由于APP渠道的缺失，严重影响到其电子政务服务的总体质量。

直辖市政府电子服务能力综合指数排名情况与2017年版相同，4市综合指数均有小幅提升，4个渠道发展依旧不平衡，微博指数遥遥领先，其他指标均在2017年版基础上有不同程度上升，整体情况与2017年版基本一致。

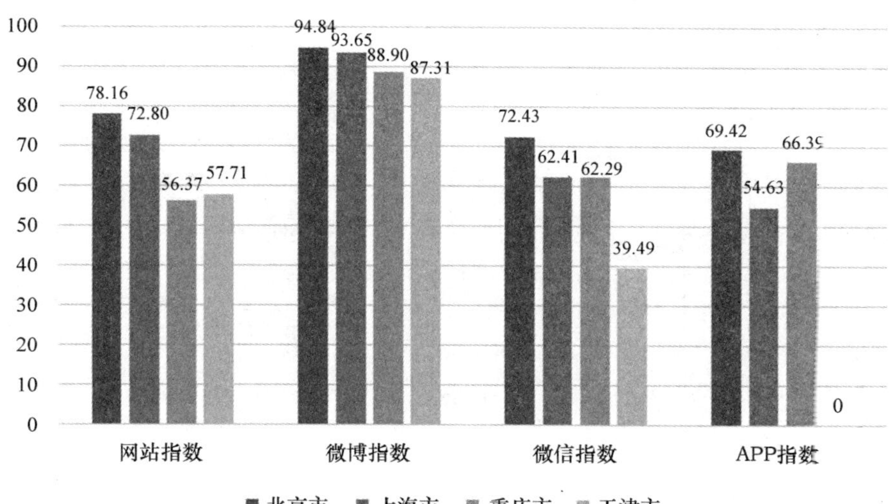

图 3－2 直辖市政府电子服务能力指数

（三）省级政府电子服务能力综合指数

1. 省级政府电子服务能力综合指数

表 3－2 省级政府电子服务能力综合指数

排名	省（自治区）	综合指数	网站指数	微博指数	微信指数	APP 指数
1	贵州省	75.56	83.72	79.29	73.22	64.13
2	四川省	68.21	62.63	91.90	61.30	69.70
3	广东省	66.45	79.50	77.69	75.50	35.33
4	湖南省	62.90	67.87	72.31	60.87	52.85
5	湖北省	61.02	71.84	76.07	54.45	43.61
6	河北省	60.23	64.31	88.76	58.07	41.97
7	浙江省	58.50	60.62	75.41	66.75	40.47
8	甘肃省	57.17	66.95	91.35	44.68	36.40
9	内蒙古自治区	56.06	63.77	86.08	51.21	34.14
10	海南省	55.49	68.46	68.79	56.23	30.10
11	云南省	54.31	59.58	69.51	53.38	40.07

续表

排名	省（自治区）	综合指数	网站指数	微博指数	微信指数	APP 指数
12	河南省	52.93	42.37	73.15	63.70	49.00
13	西藏自治区	50.82	47.67	69.95	66.35	33.24
14	江西省	49.17	71.24	74.62	56.11	0
15	福建省	49.15	83.33	57.13	45.81	0
16	吉林省	47.57	63.68	91.61	51.33	0
17	山西省	47.05	66.05	67.82	59.65	0
18	江苏省	46.85	72.06	87.54	35.89	0
19	新疆维吾尔自治区	46.26	51.12	73.55	32.83	36.54
20	青海省	45.32	73.14	64.98	41.02	0
21	陕西省	44.10	64.99	90.46	33.71	0
22	辽宁省	43.71	56.11	52.67	29.90	32.90
23	黑龙江省	42.05	62.65	65.20	44.09	0
24	山东省	40.62	60.71	75.23	34.62	0
25	安徽省	40.12	55.95	68.92	44.56	0
26	宁夏回族自治区	38.52	60.18	69.50	29.38	0
27	广西壮族自治区	28.71	57.72	15.30	22.20	0

2. 整体概况

在省级政府电子服务能力综合指数中，贵州省位列第一，四川省、广东省、湖南省、湖北省分列第二至五名。这 5 个省份在电子政务服务的渠道建设上均有较好的表现，其中贵州省凭借其渠道建设的便民、易用给公众带来了良好的用户体验，湖北省的在线回复机制健全完善，与群众交流意见公开、及时，四川省、广东省和湖南省在微博、微信上与群众互动频繁，表现出色。排名靠后的省（自治区）在渠道建设的完整性上明显不足，难以整合多渠道服务，同时普遍缺乏重要事项的网上办理。总体而言，我国省级政府电子服务能力综合指数的均值仅为51.44，处于较低水平。全国范围内共有12个省级政府超过全国平均水平，占比未超过50%。

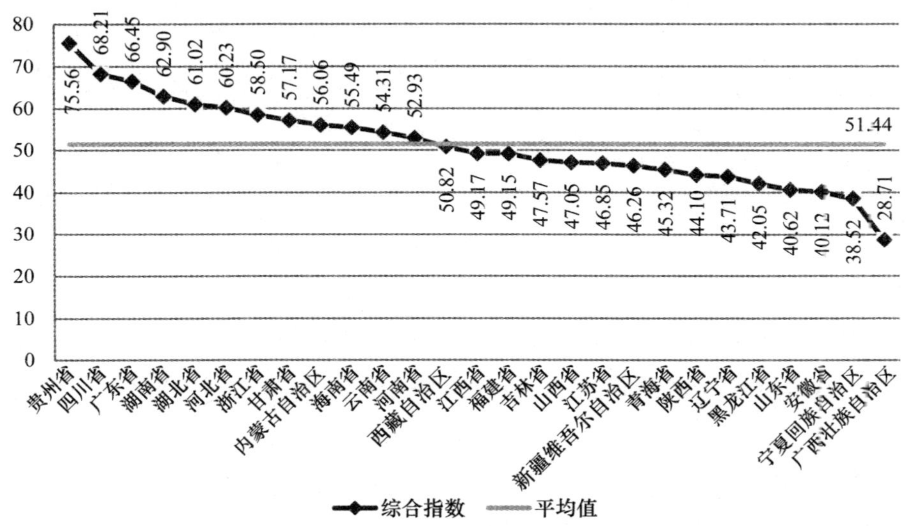

图3-3 省级政府电子服务能力综合指数

从省级政府电子服务能力综合指数的组成维度来看，贵州省、四川省、广东省、湖南省总体水平高，且各渠道表现较为均衡，这4个省级政府的网上政务服务工作起步较早，整体管理推进机制较为完善。从整体来看，我国大部分省级政府电子服务的4个渠道建设水平仍不平衡，特别是微信和APP这两种新型的政务服务渠道的建设经验还严重缺乏，与网站和微博渠道相比，处于弱势地位。从渠道建设的完整性来看，仍有12个省级政府存在着电子服务渠道缺失的情况。

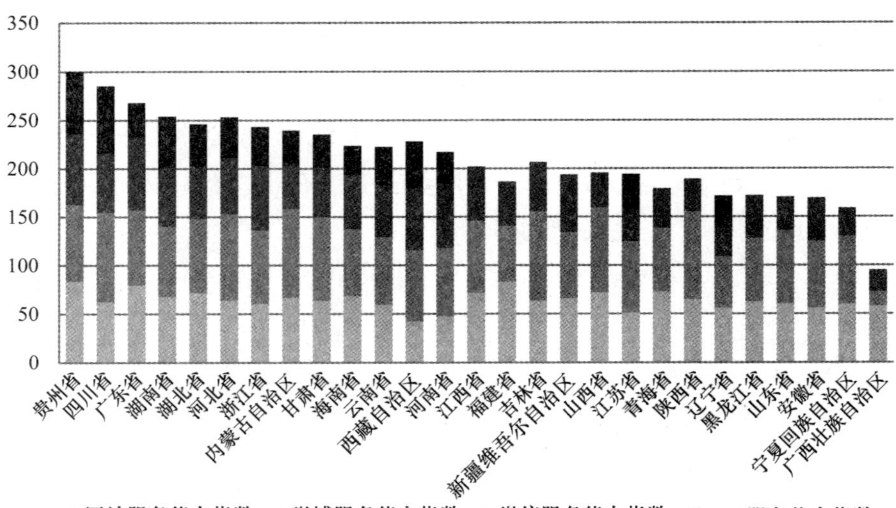

图 3－4　省级政府电子服务能力渠道指数

从省级政府电子服务能力综合指数各渠道的平均水平来看，政务微博和政务网站建设的总体情况优于政务微信和政务 APP。在得分上，各省（自治区）政务微博服务能力的指数均值为 73.14，处于中等水平；网站、微信的建设水平稍逊一筹，服务能力指数均值分别为 64.38 和 49.88，仍有很大提升空间；APP 服务能力的指数均值为 23.72，亟待各省的重视。

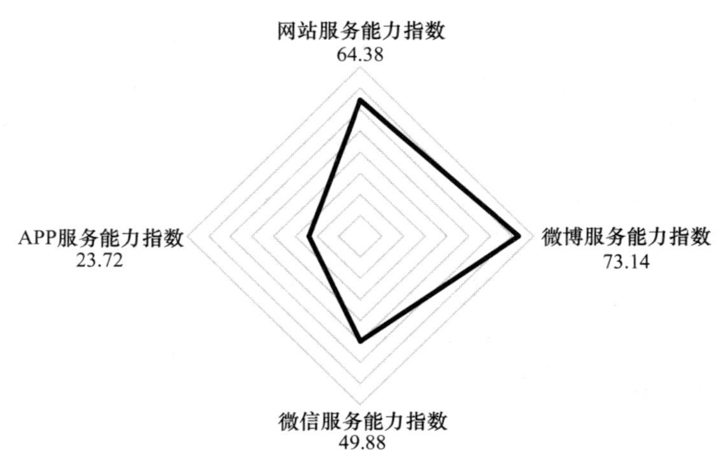

图 3－5　省级政府电子服务能力渠道总体指数

从省级政府电子服务能力综合指数的区间分布来看，各省电子服务综合能力的建设水平梯次分布明显，整体处于较低水平。有6个省级政府达到中等水平，分别是贵州省、四川省、广东省、湖南省、湖北省、河北省，占比22.22%，均值为65.73；浙江省、甘肃省等19个省（自治区）的综合指数处于较低水平，占比70.37%，均值为48.80；宁夏回族自治区、广西壮族自治区仍处于低水平，占比7.41%，均值为33.61。

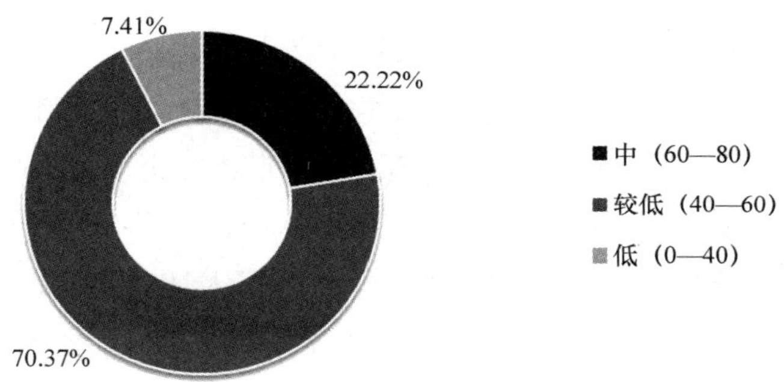

图3-6　省级政府电子服务能力综合指数区间分布

表3-3　省级政府电子服务能力综合指数区间分布

高（>80）	中（60—80）	较低（40—60）		低（0—40）
	贵州省	浙江省	山西省	宁夏回族自治区
	四川省	甘肃省	江苏省	广西壮族自治区
	广东省	内蒙古自治区	新疆维吾尔自治区	
	湖南省	海南省	青海省	
	湖北省	云南省	陕西省	
	河北省	河南省	辽宁省	
		西藏自治区	黑龙江省	
		江西省	山东省	
		福建省	安徽省	
		吉林省		

省级政府电子服务能力综合指数与2017年版相比总体分布

趋势一致，均值稳中有升，由45.10上升至51.44。贵州省综合指数居于首位，除微博服务能力指数略有欠缺外，各项指标表现突出。较2017年版新增了4个综合指数达到中等水平的省级政府，分别是四川省、广东省、湖南省和河北省，综合指数处于低水平的省级政府也由10个减少到2个。4个渠道中，微信服务能力指数提升近10分，网站和微博指数略有提升，APP服务能力指数与2017年版基本持平。

（四）地级市政府电子服务能力综合指数

在地级市政府电子服务能力综合指数中，佛山市位列第一，宁波市、岳阳市、南京市和威海市分列第二至五名。全国地级市综合指数的平均得分为45.60，处于较低水平，全国共有163个地级市的综合指数得分超过平均水平，占比近50%。

从地级市政府电子服务能力综合指数各渠道的平均水平来看，各地级市4个渠道的指数均值都低于60，其中网站、微博和微信的服务能力处于较低水平，指数均值分别为58.90、59.42、41.74；APP得分最低，指数均值仅为23.15。

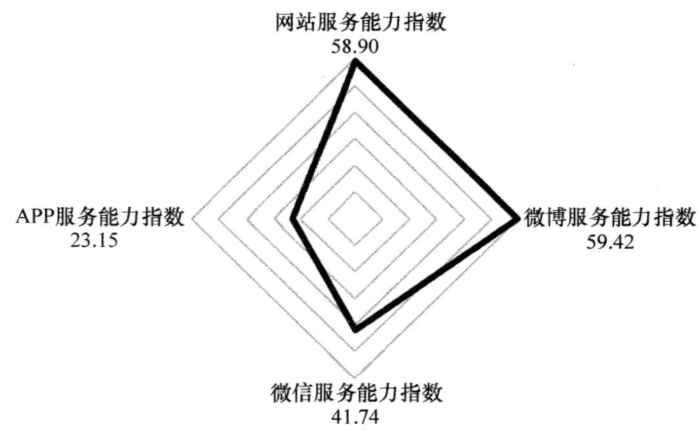

图3－7 地级市政府电子服务能力渠道总体指数

从地级市政府电子服务能力综合指数的区间分布来看，39个地级市的综合指数已达到中等水平，占比9.61%，指数均值为65.23；常德市、珠海市等186个地级市的综合指数处于较低水平，占比45.81%，指数均值为49.10；济宁市、丹东市等109个地级市的综合服务能力明显滞后，占比44.58%，均值仅为32.59。由此可以看出，大部分地级市的电子政务服务渠道的建设水平仍处于（较）低水平，中高水平序列中的地级市数量略显单薄，需要加强重视"互联网+政务服务"，加快落实相关政策要求，逐步提升政府服务整体水平。

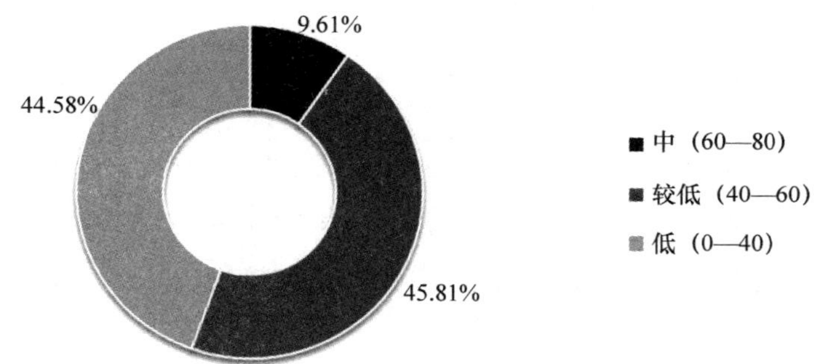

图3-8　地级市政府电子服务能力综合指数区间分布

2017年版全国地级市综合指数的平均得分为38.62，处于低水平，此次测评平均得分较2017年版略有提升，得分为45.60。从地级市政府电子服务能力综合指数各渠道的平均水平来看，2017年版各地级市4个渠道的指数均值都低于60，其中网站和微博的服务能力处于较低水平，指数均值分别为52.98、45.25；而微信和APP的服务能力水平也较低，指数均值仅为31.53、20.89。此次测评因较多地市增设渠道，微信和微博指数分数提升超过10分，网站和APP的指数分数也有所增加。前5名的城市分别为佛山市（78.77）、宁波市（76.83）、岳阳市（76.09）、南京市（73.56）和威海市（70.31）。

（五）省级政府电子服务能力指数

省级政府电子服务能力指数，是综合考虑省级政府电子服务能力指数与所辖各地级市政府电子服务能力指数的指标，用以更加全面、客观地反映各省（自治区）电子服务能力的高低。每个省级政府电子服务能力高低不仅取决于其省级服务渠道的建设情况，同时也受其所辖地级市政府电子服务渠道的建设情况的影响。一省所辖地级市的电子服务能力越高，企业和公众体验到的政府电子服务能力也相应越好。

省级政府电子服务能力指数，由省级及所辖各地级市电子服务能力综合指数平均得到，计算公式如下：

$$EGSAI_{P^i} = \frac{1}{n+1}(EGSAI_P + \sum_{i=1}^{n} EGSAI_C)$$

其中，$EGSAI_P$ 为省级政府电子服务能力指数，$EGSAI_C$ 为省辖地级市政府电子服务能力综合指数，n 为省辖市个数。

1. 省级政府电子服务能力指数

表 3－4　**省级政府电子服务能力指数**

排名	省（自治区）	指数	排名	省（自治区）	指数
1	湖北省	58.04	15	陕西省	44.75
2	浙江省	57.06	16	黑龙江省	42.80
3	广东省	56.05	17	甘肃省	42.10
4	江苏省	55.40	18	吉林省	41.78
5	贵州省	53.17	19	海南省	40.61
6	福建省	52.01	20	新疆维吾尔自治区	39.57
7	安徽省	51.72	21	河南省	38.96
8	四川省	50.86	22	广西壮族自治区	37.98
9	湖南省	48.74	23	山西省	37.93
10	江西省	48.28	24	辽宁省	37.70
11	内蒙古自治区	48.22	25	宁夏回族自治区	36.90
12	云南省	46.30	26	青海省	32.12
13	山东省	45.87	27	西藏自治区	29.46
14	河北省	45.65			

注：此处总分保留两位小数，用以提高排名区分度。

2. 整体概况

在省级政府电子服务能力指数中，湖北省位列第一，浙江省、广东省、江苏省和贵州省分列第二至五名，这几个省及其下设地级市的综合渠道建设相对均衡。排名靠后的省（自治区）主要集中在中西部地区和东北地区，在“新媒体”渠道的建设和发展上整体滞后。另外，全国各省（自治区）的电子政务服务能力指数均值为45.19，有14个省（自治区）高于平均水平，占比51.85%。

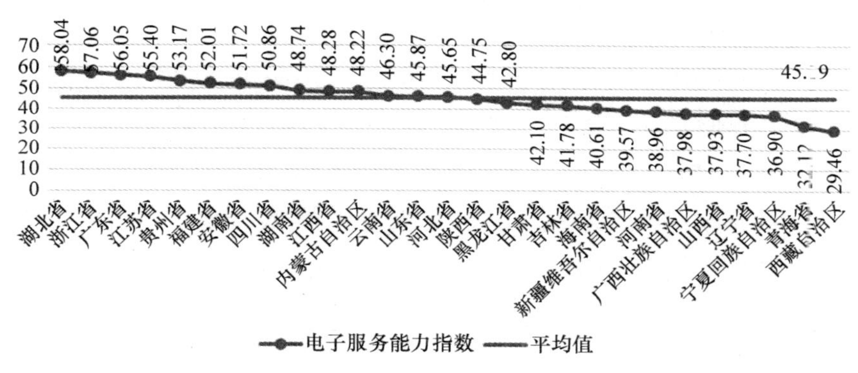

图3-9　省级政府电子服务能力指数

二　省市政府电子服务能力“双微”指数

（一）政府电子服务能力“双微”指数说明

政府电子服务能力“双微”指数是政务微信、政务微博两个渠道服务能力的综合测评指标，用以客观和全面地评价现阶段中国（除港、澳、台地区外）政府电子服务的“双微”建设情况。其计算公式如下：

$$EGSAI_{dw} = \sum_{i=2}^{3} \sigma_i EGSCI_i$$

其中，$EGSAI_{dw}$ 为政府电子服务能力“双微”指数，σ_i 指权重，$EGSAI_i$ 为政府电子服务能力指数，$i=2$，3。

（二）直辖市政府电子服务能力“双微”指数

1. 直辖市政府电子服务能力“双微”指数

表3－5　　直辖市政府电子服务能力“双微”指数

排名	直辖市	指数	排名	直辖市	指数
1	北京市	81.05	3	重庆市	72.52
2	上海市	74.42	4	天津市	57.88

2. 整体概况

4个直辖市中，北京市的“双微”指数位列第一，在政务微博和政务微信的建设上成效显著。上海市和重庆市分列第二、第三位，“双微”建设均处在平均水平以上。由于天津市的政务微信在事务服务与参与服务上无法发挥实效，其“双微”指数低于平均值，与其他3个直辖市差距较大。

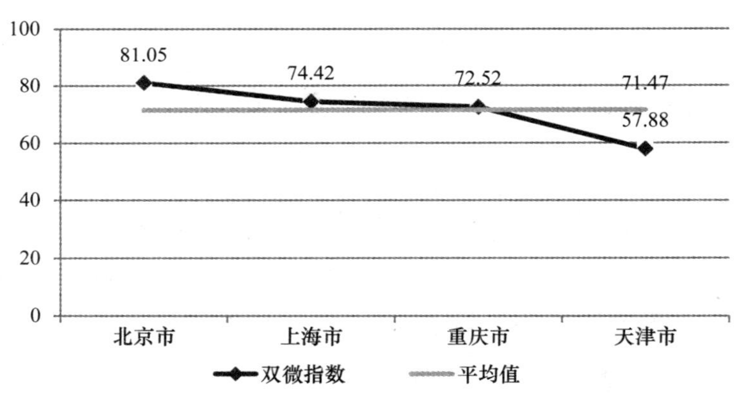

图3－10　直辖市政府电子服务能力“双微”指数

从直辖市“双微”指数的组成渠道来看，北京市、上海市的“双微”建设水平较为均衡，都达到中等水平；重庆市、天津市的微博指数明显高于微信指数。总体看来，政务微信的建设明显落后于政务微博，微信渠道可供开发利用的功能还没有被充分挖掘。

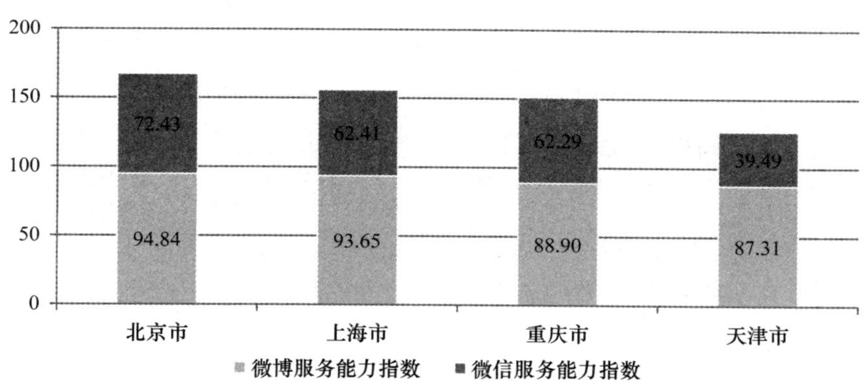

图 3－11　各直辖市政府电子服务能力“双微”指数

（三）省级政府电子服务能力“双微”指数

1. 省级政府电子服务能力“双微”指数

表 3－6　省级政府电子服务能力“双微”指数

排名	省（自治区）	指数	排名	省（自治区）	指数	排名	省（自治区）	指数
1	广东省	76. 34	10	内蒙古自治区	64. 62	19	安徽省	53. 93
2	贵州省	75. 55	11	江西省	63. 23	20	黑龙江省	52. 21
3	四川省	73. 07	12	山西省	62. 79	21	山东省	50. 24
4	浙江省	70. 08	13	湖北省	62. 77	22	青海省	50. 23
5	河北省	69. 88	14	甘肃省	62. 63	23	福建省	50. 16
6	西藏自治区	67. 73	15	海南省	61. 06	24	新疆维吾尔自治区	48. 49
7	河南省	67. 33	16	云南省	59. 58	25	宁夏回族自治区	44. 81
8	吉林省	66. 82	17	江苏省	55. 75	26	辽宁省	38. 66
9	湖南省	65. 27	18	陕西省	55. 53	27	广西壮族自治区	19. 55

2. 整体概况

在省级政府电子服务“双微”指数中，广东省位列第一，贵州省、四川省、浙江省分列第二至四名。这4个省份在“双微”渠道的建设上均有较好的表现，其中广东省凭借其开通“双微”渠道时间早和微信平台上的公众参与功能积累的用户基数大和黏性高的优势名列前茅。贵州省的信息发布原创率很高，充分展现了“双微”渠道的信息发布和信息公开功能，四川省、浙江省在各方面都表现出色。排名靠后的省（自治区），仍将“双微”渠道主要作为单向信息发布的工具，事务服务与参与服务几乎处于空白。总体而言，各省（自治区）的“双微”指数均值仅为58.83，处于较低水平。全国范围内共有16个省级政府的指数超过全国平均水平，占比59.26%。

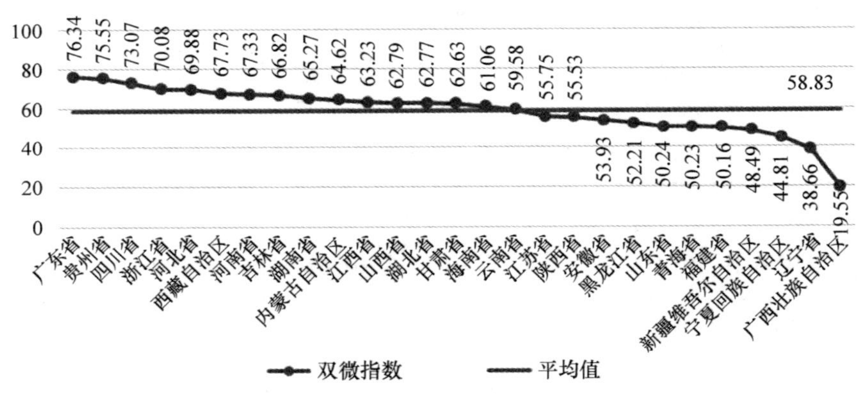

图3-12 省级政府电子服务能力“双微”指数

从省级“双微”指数的组成维度来看，广东省、贵州省的双微指数得分较高，且两个单项渠道能力指数较为均衡。广东省和贵州省近年来双微渠道建设发展较快，信息更新较快，内容涉及面较广，注重与粉丝的互动交流。总体来看，各省（自治区）的“双微”发展不平衡态势明显，微信的建设情况普遍弱于微博。一方面可能是由于微信本身的功能限制无法实现网站、微博等渠道的多功能；另一方面则可能是省级政府的服务观念传统老旧，未能发掘和充分利用新媒体的特性。

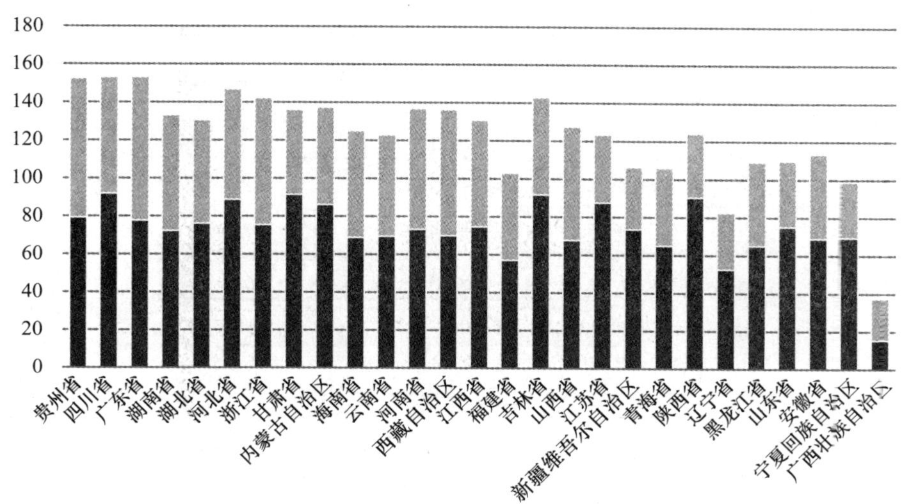

图 3 – 13　省级政府电子服务能力“双微”指数

从省级“双微”指数的区间分布来看，各省（自治区）电子服务的“双微”建设水平梯次分布明显，整体处于中等水平。广东省、贵州省、四川省等 15 个省级政府的“双微”指数达到中等水平，占比 55. 56%，指数均值为 67. 28。云南省、江苏省等 10 个省级政府的“双微”指数处于较低水平，占比 37. 04%，指数均值为 52. 09。仅辽宁省、广西壮族自治区的“双微”指数仍处于低水平，占比 7. 41%，指数均值为 29. 10。

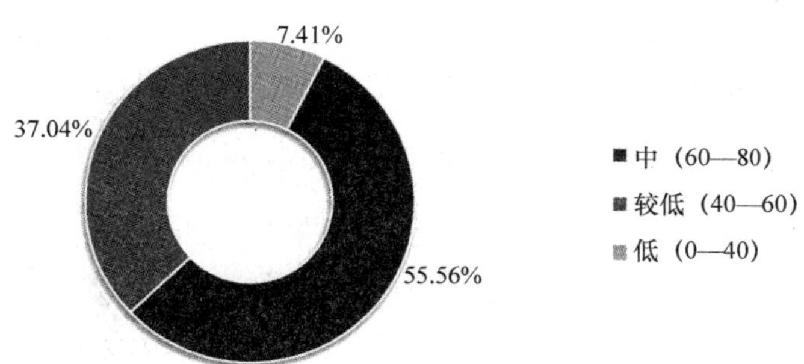

图 3 – 14　省级政府电子服务能力“双微”指数区间分布

表 3-7 省级政府电子服务能力“双微”指数区间分布

高（>80）	中（60—80）	较低（40—60）	低（0—40）	无（0）
	广东省	云南省	辽宁省	
	贵州省	江苏省	广西壮族自治区	
	四川省	陕西省		
	浙江省	安徽省		
	河北省	黑龙江省		
	西藏自治区	山东省		
	河南省	青海省		
	吉林省	福建省		
	湖南省	新疆维吾尔自治区		
	内蒙古自治区	宁夏回族自治区		
	江西省			
	山西省			
	湖北省			
	甘肃省			
	海南省			

（四）地级市政府电子服务“双微”指数

在地级市政府电子服务能力“双微”指数中，南昌市位列第一，广州市、雅安市、宿迁市和西安市分列第二至五名。全国地级市的“双微”指数均值仅为48.54，处于低水平，全国共有193个地级城市的“双微”指数得分超过平均水平，占比超过50%。

从地级市“双微”指数的区间分布来看，绝大部分地级市“双微”渠道的建设还处于较低水平，中高水平序列中的地级市数量略显单薄，需要重视并促进加快落实“互联网+政务服务”的政策要求，进一步提升“双微”渠道的服务水平。具体而言，仅南昌市的“双微”服务能力达到较高水平，占比约0.30%，因此在图表中未体现；广州市、雅安市等74个地级市的“双微”指数处于中等水平，占比22.15%，指数均值为65.90。吉林市、邯郸市等180个地级市的“双微”指数处于较低水平，占比53.89%，指数均值为51.20。濮阳市、伊春市等75个地级市的“双微”指数为低水平，占比22.46%，指数均值为27.15。另外，仍有4个地级市的“双微”指数为0，占比1.20%。

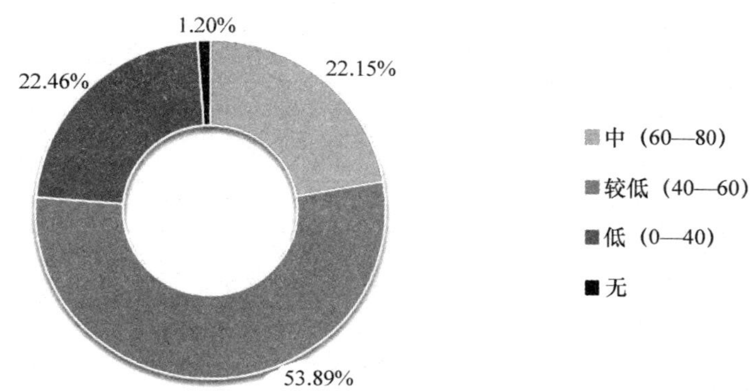

图3-15 地级市政府电子服务能力“双微”指数区间分布

总的来说，与2017年版相比，直辖市政府电子服务能力“双微”指数总体提高，4大直辖市的排名没有变化；省级、地级市政府电子服务能力“双微”指数总体提高，各省之间的差距逐渐缩小，政府电子服务发展渐趋均衡。详细数据见附录4。

三 省市政府电子服务能力“新媒体”指数

（一）政府电子服务能力“新媒体”指数说明

“新媒体”指数是政府官方微信、官方微博和APP 3个渠道服务能力的综合测评指标，用以测评政府电子服务的“两微一端”建设情况。其计算公式如下：

$$EGSAI_{nm} = \sum_{i=2}^{4} \sigma_i EGSCI_i$$

其中，$EGSAI_{nm}$ 为电子政务服务能力“新媒体”指数，σ_i 指权重，$EGSCI_i$ 为电子政务服务渠道指数，$i=2$，3，4分别代表微博、微信和 APP 政务服务能力指数（见第二章）。

（二）直辖市政府电子服务能力“新媒体”指数

1. 直辖市政府电子服务能力“新媒体”指数

表 3 – 8　　直辖市政府电子服务能力“新媒体”指数

排名	直辖市	指数	排名	直辖市	指数
1	北京市	75. 98	3	上海市	65. 81
2	重庆市	69. 85	4	天津市	32. 71

2. 整体概况

4 个直辖市中，北京的“新媒体”服务能力指数位列第一，上海市和重庆市分列第二、第三位，三者在“两微一端”的建设上相对均衡，整体服务能力相差不大。天津市由于缺少政务 APP 从而影响了其“新媒体”指数，排名第四。

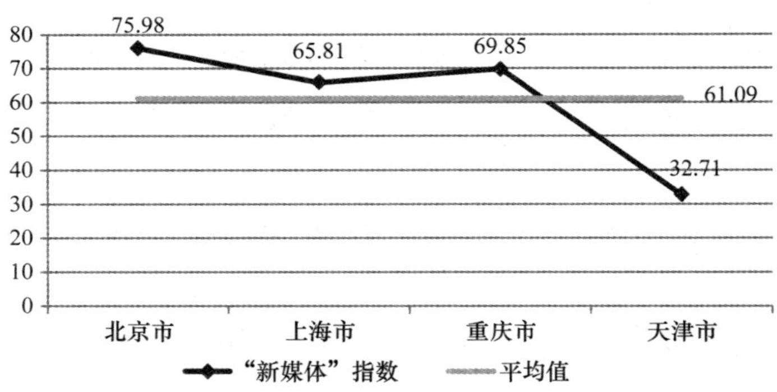

图 3 – 16　直辖市政府电子服务能力“新媒体”指数

从直辖市“新媒体”指数的组成渠道来看，北京市、上海市、重庆市的 3 个“新媒体”渠道建设水平较为均衡，且都处于中等水平；天津市由于微信建设的相对落后以及政务 APP 的缺失，在“新媒体”建设上表现欠佳。

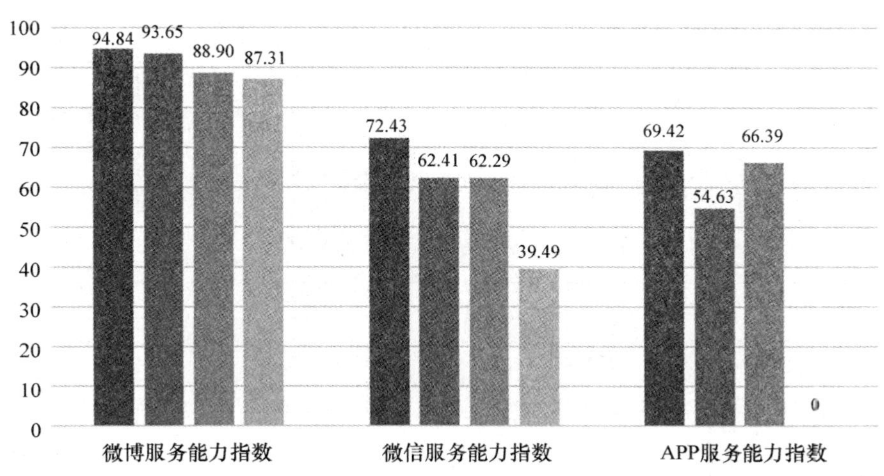

图 3－17　直辖市政府电子服务能力“新媒体”指数

直辖市“新媒体”指数方面，2017 年版排名次序为上海、北京、重庆、天津。北京市政府“新媒体”指数较 2017 年版有明显增长，其他直辖市变化不大。

(三) 省级政府电子服务能力“新媒体”指数

1. 省级政府电子服务能力“新媒体”指数

表 3－9　省级政府电子服务能力“新媒体”指数

排名	省（自治区）	指数	排名	省（自治区）	指数	排名	省（自治区）	指数
1	四川省	71.60	7	浙江省	57.20	13	海南省	47.59
2	贵州省	70.58	8	湖北省	54.43	14	新疆维吾尔自治区	43.29
3	湖南省	59.86	9	西藏自治区	52.73	15	吉林省	37.76
4	河南省	59.35	10	内蒙古自治区	51.36	16	辽宁省	36.15
5	广东省	58.50	11	甘肃省	51.21	17	江西省	35.73
6	河北省	57.73	12	云南省	51.09	18	山西省	35.48

续表

排名	省（自治区）	指数	排名	省（自治区）	指数	排名	省（自治区）	指数
19	江苏省	31.50	22	黑龙江省	29.50	25	福建省	28.35
20	陕西省	31.38	23	山东省	28.39	26	宁夏回族自治区	25.32
21	安徽省	30.48	24	青海省	28.39	27	广西壮族自治区	11.05

2. 整体概况

在省级“新媒体”服务能力指数中，四川省位列第一，贵州省、湖南省、河南省和广东省分列第二至五名。这5个省份在电子政务服务的“新媒体”建设上均有较好的表现，其中四川省的APP管理机制完善，在APP上为社会大众提供了更为全面的办事信息和更为便捷的参与渠道，贵州省在信息发布、公众互动等方面都表现良好，湖南省、河南省和广东省在消息推送、微博互动方面的表现也使其跻身前列。但总体而言，各省

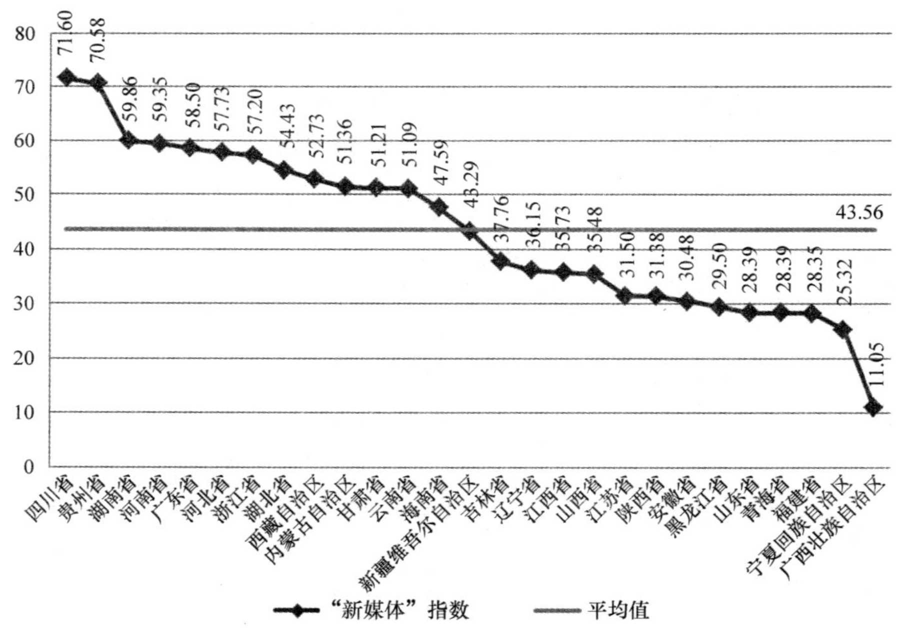

图3－18 省级政府电子服务能力“新媒体”指数

“新媒体”指数的均值仅为43.56，整体水平还比较低。全国范围内共有13个省级政府的指数超过全国平均水平，占比近50%。

从省级“新媒体”指数的组成维度来看，仅有四川省、贵州省和湖南省的“新媒体”渠道发展比较均衡，其他省（自治区）的3个渠道则发展水平参差不齐，总的来说，各省（自治区）政务微博建设得最好，微信次之，APP最低。但“新媒体”指数第一的四川省，其微信的建设情况要弱于APP，这可能是由于微信平台自身的特点限制了功能的开发。另外，仍有12个省（自治区）的“新媒体”缺失APP渠道，占比近44.44%。

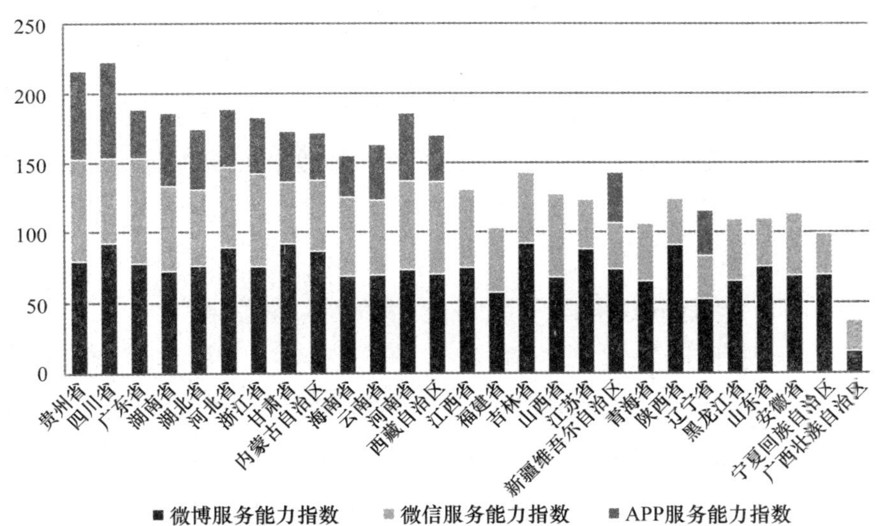

图3－19　省级政府电子服务能力“新媒体”渠道指数

从省级“新媒体”指数各渠道的平均水平来看，微博的建设最优，微信次之，APP与微博、微信差距较大。各省（自治区）的微博服务能力指数和微信服务能力指数均值分别为73.14和49.88，处于中等水平；APP的建设水平较低，服务能力指数均值为23.72。究其原因，APP建设普遍缺少与公众互动交流、信息沟通的功能，微信建设则存在偏重新闻发布功能而忽视其他功能的培育和建设问题，而且微信本身的平台特点一定程度上也限制了其功能的进一步开发。

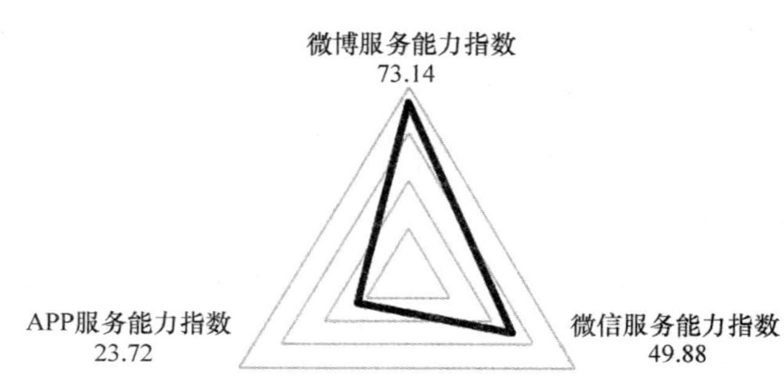

图 3－20　省级政府电子服务能力“新媒体”渠道指数

总的来说，与 2017 年版相比，省级政府电子服务能力“新媒体”指数有小幅增长，其中微信指数较 2017 年版有较大增长。

（四）地级市政府电子服务能力“新媒体”指数

在地级市“新媒体”服务能力指数中，宁波市位列第一，佛山市、亳州市、西安市和威海市分列第二至五名。全国地级市的“新媒体”指数的均值为 37. 50，整体水平较低，共有 155 个地级市的“新媒体”指数超过平均水平，占比接近 50%。

从地级市“新媒体”指数的区间分布来看，宁波市、佛山市等 23 个地级市的“新媒体”服务能力达到中等水平，占比 6. 88%，指数均值为 65. 06；孝感市、洛阳市等 119 个地级市的“新媒体”服务能力处于较低水平，占比 35. 63%，指数均值为 48. 69；南通市、盘锦市等 192 个地级市的“新媒体”服务能力水平很低，占比 57. 49%，指数均值为 27. 32。

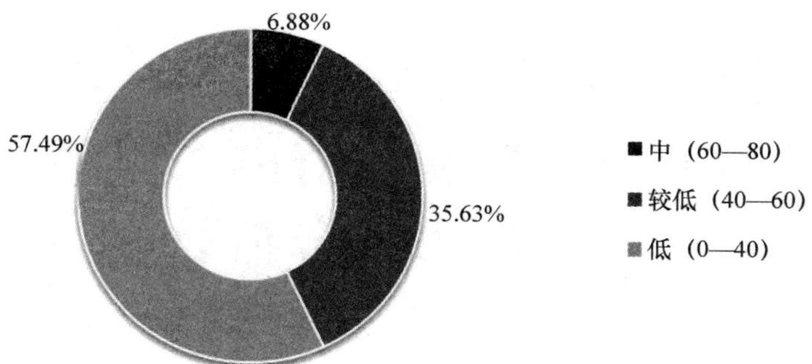

图 3－21 地级市政府电子服务能力“新媒体”指数区间分布

总的来说，与 2017 年版相比，地级市政府电子服务能力“新媒体”指数有一定增长，“新媒体”指数小于40 的地级市数量有大幅度的下降。

第四章　区域政府电子服务能力综合指数

一　区域政府电子服务能力综合指数说明

区域指数是按中国地理分区将电子政务服务各项指数分区域进行分析。其中，地理区域的划分依据常见的划分方法，将全国分为华东地区、华南地区、华北地区、华中地区、东北地区、西南地区及西北地区七大区域；电子政务服务能力各项指数包括综合指数、网站指数、微信指数、微博指数及APP指数。

综合指数是通过对现阶段中国电子政务的4个主要渠道服务发布的主体——政务网站、政务微博、政务微信及政务APP进行测评，并将4个主体的得分进行带权加总得到的用以反映政府电子服务综合能力高低的指标。

二　区域政府电子服务能力综合指数分布

在七大区域中，西南、华中、华北地区的政府电子服务能力综合指数分列前三。这3个区域在政务网站服务能力、政务微博服务能力上均有良好表现，而华南地区、华东地区在政务网站服务能力上与其有一定差距。西北、东北地区的电子服务能力分列第六、第七位。各区域政务APP的服务能力水平明显

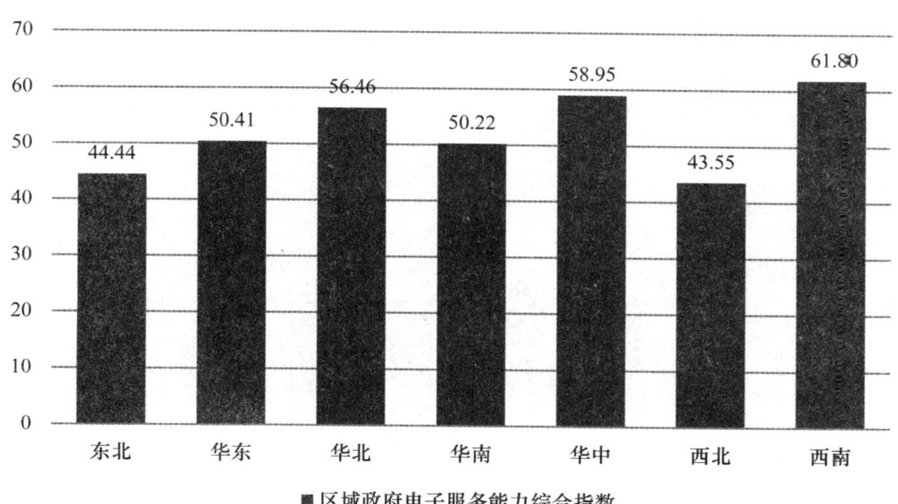

图4－1　七大区域政府电子服务能力综合指数分布

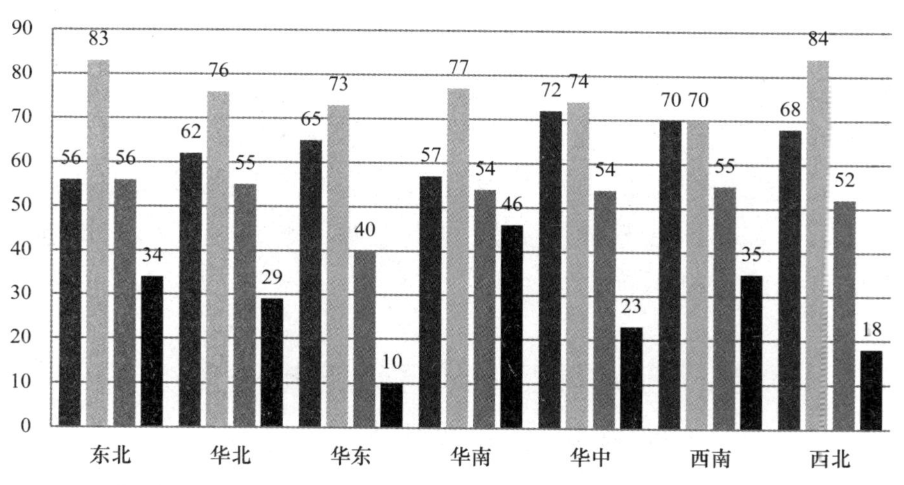

图4－2　七大区域政府网站、微博、微信、APP服务能力指数一览

偏低。总体而言，南部地区的电子服务能力整体优于北部地区，能够根据各个渠道的特点，开展全方位、多元化的政务服务。

三　区域政府电子服务能力综合指数比较

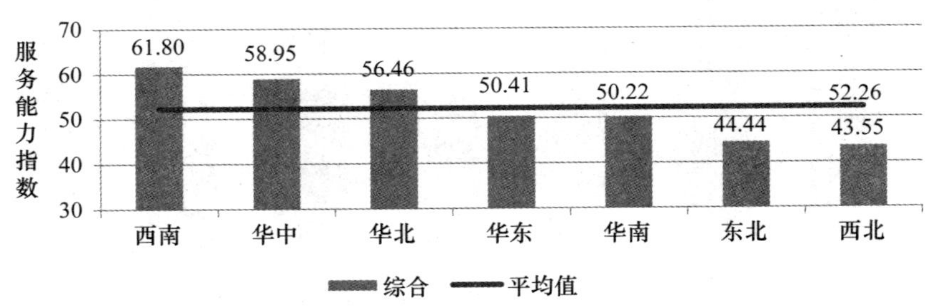

图 4－3　七大区域政府电子服务能力综合指数

在七大区域中，西南地区电子政务服务能力的综合指数最高，华中、华北两个区域紧随其后，且差距不大；华东、华南地区电子政务服务能力相对较低，东北、西北地区电子政务服务能力最低且与华东、华南地区存在一定差距。西南、华中、华北地区均高于指数均值，华东、华南地区略低于平均值，而东北、西北地区远低于平均值且与其他地区存在较大差距。总体而言，东部地区整体服务能力优于西部，这可能与东部地区的信息化政策投入较大有关。

四　西南与西北地区政府电子服务能力综合指数比较

在七大区域中，西南地区的电子政务服务能力综合指数为61.80，排名第一，西北地区服务能力指数为43.55，排名最后，区域政府之间电子服务能力差异较大，出现高低分化现象。比较两个地区各渠道的服务能力指数发现，西南地区和西北地区

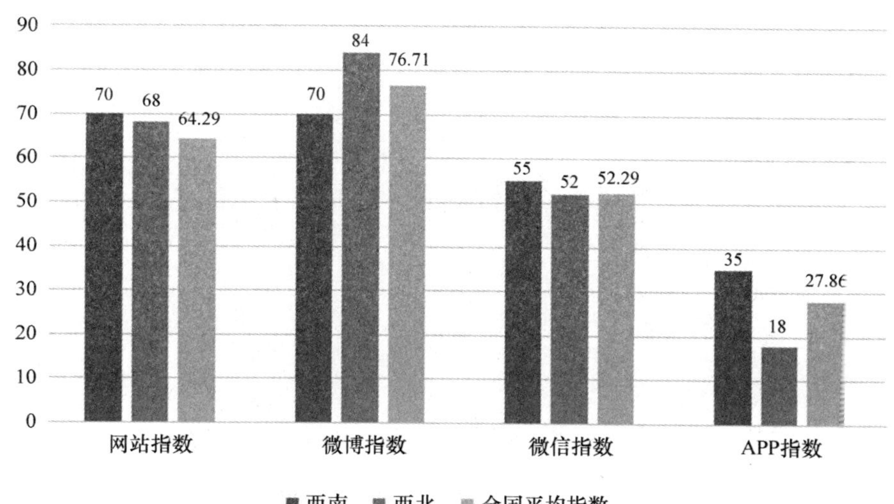

图 4-4　西南与西北地区政府电子服务能力渠道指数

在微信服务能力上表现相当，其中西南地区的指数均略高于全国微信服务能力指数的平均值。在 APP 服务能力方面，西北地区低于平均值，与西南地区有一定的差距。

第五章　省市政府电子服务最佳实践

一　政府电子服务最佳实践说明

在政府电子服务领域，随着科技发展，社会公众日益增长的服务需求与实际供给不足、质量不高的矛盾逐渐显现，各省市服务供给能力水平差距逐渐拉大。如何缩小各地区差距，保障不同地区、行业、阶层、群体的利益，是目前电子政务服务持续发展首先要解决的问题。本报告选取了政府电子服务能力水平较高的优秀案例，希望对各省市政府电子服务建设起到启发作用。

通过筛选，在政务网站、政务微博、政务微信和政务 APP 4 个渠道中各选取一个省（市）的电子服务媒体作为最佳实践样本，分别是“贵州省人民政府”（网站）、“北京发布”（微博）、“南昌市政府门户网站”（微信）和“中国·宁波”（APP）。

这里的最佳实践样本是根据研究团队对“两微一端”及政务网站进行测评所得的各项渠道指数排名，选取的指数排名较靠前的典型实践案例。

二　省市政府政务网站最佳实践

贵州省在省级网站服务能力指数中排名第一，其官方网站“贵州省人民政府”在信息服务能力、事务服务能力、参与服务能力、服务提供能力和服务创新能力方面均有出色表现。在信息服务能力方面，贵州省政务网站的机构职能介绍完整、清晰，信息发布权威、时效性高，基本满足市民对信息互通互联、资源共享的需求。

图 5－1 “贵州省人民政府”网首页

图 5－2 “贵州省人民政府”网办事大厅

“贵州省人民政府”网在服务提供能力方面十分突出，其办事服务页导航栏有专项的服务版块，服务版块门类清晰，分为个人服务、企业服务和专题服务，设立了重点服务、特定人群和场景式服务，服务门类齐全，流程清晰，办事效率高。

在参与服务能力方面，“贵州省人民政府”网领跑全国，其在政企互动和市民参与两方面都有出色表现。在互动交流页面设立了省长信箱，人民网书记、省长留言板，书记直通车交流平台以及省长直通车交流平台，方便市民与企业直接向省长、书记等反映问题、提出建议、表达诉求。

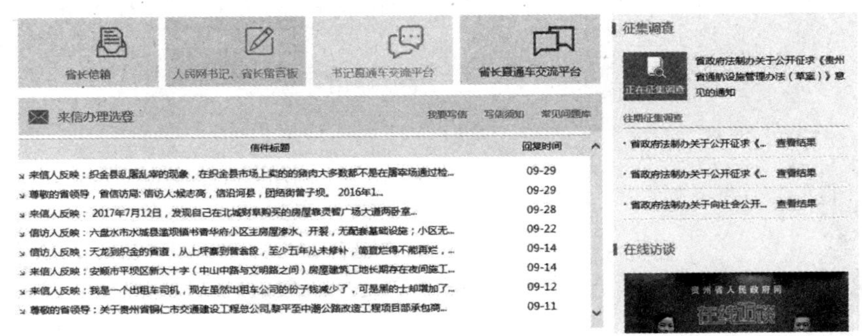

图 5－3　“贵州省人民政府”网互动界面

三　省市政府政务微博最佳实践

北京市在直辖市微博服务能力指数中排名第一，其政务微博“北京发布”在服务提供能力、微博影响力、信息服务能力和服务创新能力方面均发挥出色。在微博影响力方面，“北京发布”于2011年11月17日正式上线，开通时间较早、影响力较大，已经积累了833万粉丝。

在信息服务能力方面，“北京发布”的发布信息可以分为政务信息、生活资讯、新闻资讯、宣传教育四大类。该政务微博具有实用、便民的特点，其发布信息多为市民关注的，与市民生活息息相关的内容，如环境治理、胡同改造和登记制度改革等。

“北京发布”在服务提供能力方面表现出色，生活服务类信息是其一大特点。“北京发布”通过发布微博服务民众，不仅向市民提供天气和交通状况等公众资讯，而且向市民提供生活学习上的小贴士，如 Excel 使用技巧、职场小技能和社交小技能，内容十分实用。

图 5－4 “北京发布”信息服务

四 省市政府政务微信最佳实践

江西省南昌市的微信服务能力指数在全国参与测评的 365 个省市级行政单位中排名第一，其政务微信“南昌市政府门户网站”在信息服务能力、事务服务能力、参与服务能力、服务提供能力方面均表现不俗。

“南昌市政府门户网站”微信公众号在信息服务建设上成效显著，每日平均发布 5 条图文消息，其推送大多为企业、公众密切关注的热点资讯和便民服务信息。此外，“南昌市政府门户网站”在受众规模上表现突出，每日推送都有较大的阅读量和点赞量，并且所有推送内容都属于按照《政府信息公开条例》产生的第一手资料或其他来源明确的官方资料，时效性亦较强。

图5-5 南昌市政府门户网站服务界面

图5-6 南昌市政府门户网站日常推送界面

“南昌市政府门户网站”在事务服务能力上表现也十分优异，下设三个一级快捷菜单，分别是“微南昌”“微服务”“微互动”，不仅提供南昌市政务服务中心全部服务事项的办事指南，还可以在线预约全部服务事项并查询办理进度。通过微信公众号，市民基本可以实现服务事项的全程办理，力求真正做到“一站式”政务服务。同时其微信公众号还设有“百姓热线”“百姓问政”等栏目，市民在办事中有什么问题和不满能够及时得到解决。

在服务提供能力方面，其不仅设置了一级和二级快捷菜单栏，其中的“百姓问政”还面向不同部门设立窗口为公众提供针对性服务，而且可以指导用户完成相关事项的自动回复和及时的人工回复，这是许多省市需要尽快学习和解决的主要问题。

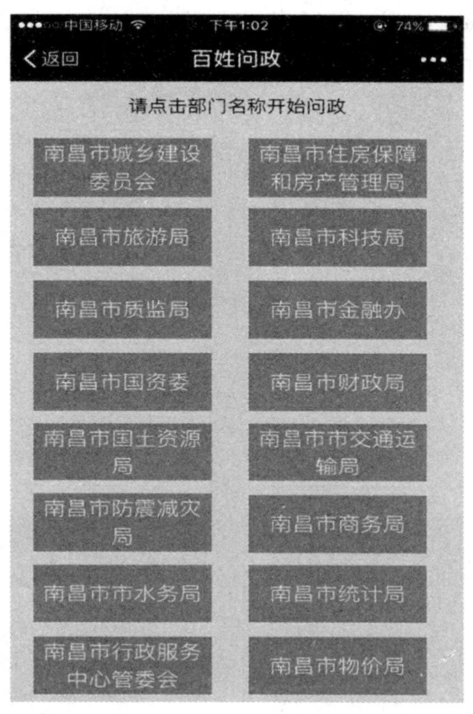

图5-7　南昌市政府门户网站“百姓问政”界面

五　省市政府政务APP最佳实践

浙江省宁波市的政务服务APP在全国的365个省市级APP服务能力指数中排名第一，总分89.51，超出平均分281.54%，其官方APP“中国·宁波”在APP服务提供能力、信息服务能力、事务服务能力和参与服务能力4个维度上均表现优异，得分分别为100、76.75、100和82.99，极大地发挥了政务服务APP在信息传播和办事便捷两个方面的作用，并且4个维度平衡发展，所以我们选取“中国·宁波”作为最佳政务APP实践示例，希望可以对APP各维度发展不均的省市起到示范作用。

“中国·宁波”首页主要由8个服务入口构成，分别是：办事服务、互动交流、社保查询、实时台风、公积金查询、交通违法缴款、公共支付和更多，并滚动弹出近期的图文热点资讯。

在信息传播方面，“中国·宁波”专设要闻资讯页面，将新闻热点分为政务、经济、民生和公开四个部分，分类细致全面，基本涵盖市民日常所需，发布的信息内容都属于第一手资料或其他来源明确的官方资料，并在信息有效期内第一时间向社会发布。但其缺少完整、清晰的机构职能介绍，也无法查询到完整的职能简介、负责人、联系方式、地址信息，仍有需要改进的方面。

图5-8 “中国·宁波”界面首页

图5-9 “中国·宁波”资讯界面

图 5 - 10 “中国·宁波”便民服务界面

图 5 - 11 “中国·宁波”个人登录界面

在服务提供能力方面，通过“中国·宁波”的便民服务窗口，可以快速了解宁波当日天气和空气质量指数。在事务服务方面，有个人和法人办事服务信息与相关政策，有清晰办事流程说明，能全程网上办理。另外，“中国·宁波”还提供各种各样的生活服务，如水电气缴费、交通违法处理、市内及高速交通查询、社保公积金查询、掌上法律顾问等，大大提高了公民生活办事的效率，增强了 APP 的实用性。值得一提的是，“中国·宁波”在参与服务方面也有不俗的表现，能对公众通过“市长信箱”进行咨询及时回复并对反馈结果进行分析，给予王面、充分回应。其许多服务的提供都需要注册并登录，这虽然提高了安全性和长期使用的便捷性，但也给非本市市民带来了一定的服务限制性，这也是不少省市政务 APP 的共同问题。

下　篇

国务院部委电子服务能力指数报告

第六章　测评体系与测评方法

一　测评背景

随着信息技术的高速发展和政务理念的不断演进，政务发展呈现电子化趋势，办事效率和服务质量大幅提升，政府决策日益科学化、民主化。同时社会和公众对基于互联网的政务服务需求不断增加。如何更好地服务社会和公众，满足其对电子政务的需求，提升我国电子政务水平，已成为新时期政府亟待解决的管理问题。

2015 年 7 月，国务院发布《关于积极推进“互联网 +”行动的指导意见》，强调“互联网 + 政务”，加快转变政府职能，提出要加快互联网与政府公共服务体系的深度融合，促进公共服务创新供给和服务资源整合，构建面向公众的一体化在线公共服务体系。2016 年 4 月 12 日，国务院发布《2016 年政务公开工作要点》，提出要加大公开力度，加强政策解读回应，不断增强公开实效，保障人民群众的知情权、参与权、表达权和监督权，助力深化改革、经济发展、民生改善和政府建设。2016 年 9 月 14 日，国务院总理李克强主持召开国务院常务会议，部署加快推进“互联网 + 政务服务”，以深化政府自身改革，更大限度地利企便民。为响应国家需要，客观反映我国电子政务服务发展现状，寻找推进“互联网 + 政务”建设的优化路径，提升我国电子政务发展水平，南京大学政务资源研究所开展了2017年中国电子政务服务能力测评工作。2017年10月，党的十九大报告指出要不断推进国家治理体系和治理能力现代化，加强互联网内容建设，建立网络综合治理体系。2018年4月，在国家发改委、网信办等多个部门支持下的第一届数字中国建设峰会顺利召开，会上发布了30个全国电子政务最佳案例。

本次调查评估以“公众体验”为出发点，构建电子政务服务测评体系，以客观公正、可量化、可重复为原则，分为多个小组对国务院各部委的门户网站、微博（以新浪微博为主）、微信、APP（Android和iOS系统）进行了全方位的交叉测评和复查，主次分明、突显特色，旨在推动我国电子政务向“一站式”服务发展，提升用户体验与满意度，促进我国电子政务服务健康有序发展。

二 测评思路

测评工作自2017年5月开始筹备，6月进行团队组建与工具方法的准备，7—8月完成预测评、正式测评、补测评等工作，9—11月进行数据的整理与分析工作，并完成研究报告。

主要测评工作思路如图6－1所示。

相关背景
文献阅读
测评指标体系
团队讨论
评价指标选择
评价标准
部委
测评过程
网站/微信/微博/APP
数据核查清洗
政务报告
渠道指数分析
综合指数分析
最佳政务实践
提出问题
理论方案
实证测评
解决问题

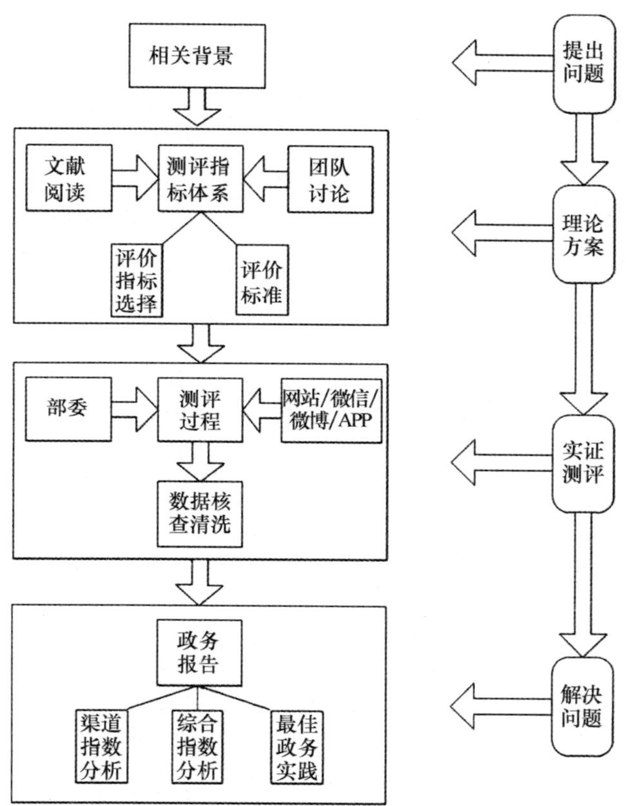

图 6－1　测评工作思路

三 指标体系

表 6－1 国务院部委网站服务能力测评指标

一级指标	二级指标	三级指标
政府网站服务能力（权重：0.3784）	1. 信息服务能力（ISC）（权重：0.2059）	1. 有用实用
		2. 来源权威
		3. 时间效度
		4. 易得可得
	2. 事务服务能力（ASC）（权重：0.2549）	1. 公众（个人）办事
		2. 企业（法人）办事
		3. 全程办理率
	3. 参与服务能力（PSC）（权重：0.1765）	1. 参与管理
		2. 参与回应
		3. 参与反馈
	4. 服务提供能力（SDC）（权重：0.2353）	1. 便捷易用
		2. 公平
		3. 稳定可靠
	5. 服务创新能力（SIC）（权重：0.1275）	1. 意见与建议吸纳能力
		2. 分享传播能力

表 6－2 国务院部委微博服务能力测评指标

一级指标	二级指标	三级指标
政府微博服务能力（权重：0.1351）	1. 信息服务能力（ISC）（权重：0.3418）	1. 有用实用
		2. 来源权威
		3. 时间效度
		4. 易得可得

续表

<table>
<tr><th>一级指标</th><th>二级指标</th><th>三级指标</th></tr>
<tr><td rowspan="7">政府微博服务能力（权重：0.1351）</td><td rowspan="4">2. 微博影响力（WI）（权重：0.2911）</td><td>1. 受众规模</td></tr>
<tr><td>2. 信息规模</td></tr>
<tr><td>3. 活跃度</td></tr>
<tr><td>4. 交互性</td></tr>
<tr><td>3. 服务提供能力（SDC）（权重：0.1646）</td><td>1. 发布时长</td></tr>
<tr><td rowspan="2">4. 服务创新能力（SIC）（权重：0.2025）</td><td>1. 采纳能力</td></tr>
<tr><td>2. 吸收能力</td></tr>
</table>

表6-3　**国务院部委微信服务能力测评指标**

<table>
<tr><th>一级指标</th><th>二级指标</th><th>三级指标</th></tr>
<tr><td rowspan="9">政府微信服务能力（权重：0.2162）</td><td rowspan="4">1. 信息服务能力（ISC）（权重：0.2252）</td><td>1. 有用实用</td></tr>
<tr><td>2. 来源权威</td></tr>
<tr><td>3. 时间效度</td></tr>
<tr><td>4. 易得可得</td></tr>
<tr><td>2. 事务服务能力（ASC）（权重：0.1622）</td><td>1. 效率效果</td></tr>
<tr><td>3. 参与服务能力（PSC）（权重：0.2072）</td><td>1. 参与渠道</td></tr>
<tr><td rowspan="2">4. 微信影响力（WI）（权重：0.2162）</td><td>1. 受众规模</td></tr>
<tr><td>2. 信息规模</td></tr>
<tr><td>5. 服务提供能力（SDC）（权重：0.1892）</td><td>1. 便捷易用</td></tr>
</table>

表6－4　　国务院部委 APP 服务能力测评指标

一级指标	二级指标	三级指标
政府 APP 服务能力（权重：0.2703）	1. 信息服务能力（ISC）（权重：0.2529）	1. 有用实用
		2. 来源权威
		3. 时间效度
		4. 易得可得
	2. 事务服务能力（ASC）（权重：0.2414）	1. 效率效果
	3. 参与服务能力（PSC）（权重：0.2184）	1. 参与管理
		2. 参与回应
		3. 参与反馈
	4. 服务提供能力（SDC）（权重：0.2874）	1. 渠道面
		2. 覆盖面
		3. 易得性
		4. 稳定可靠
		5. 易用性
		6. 使用反馈
		7. 社交性

四　测评工作

集中测评时间：2017 年 7 月 1—31 日。

测评渠道：官方网站、微信、微博、APP

测评对象：国务院组成部门、国务院直属特设机构、国务院直属机构、国务院办事机构、国务院直属事业单位和国务院部委管理的国家局。其中，国务院直属事业单位中新华社、中国科学院、中国社会科学院、全国社会保障基金理事会、中国工程院、国务院发展研究中心、国家行政学院和国家自然科学基金委员会这 8 个机构的社会管理功能较弱，因此未纳入测评。

测评标准见附录 5，测评样本见附录 6。

第七章　国务院部委电子服务渠道指数

一　国务院部委电子服务渠道指数说明

目前，网站、微博、微信及APP客户端是国务院各部委主流的电子服务渠道。电子服务渠道指数，是评估国务院各部委利用各渠道向公众提供服务能力水平的指数。本报告着力考察政务网站信息服务能力、事务服务能力、参与服务能力、服务提供能力、服务创新能力；重点关注政务微博的信息服务能力、微博影响力、服务提供能力、服务创新能力；主要测量政务微信的信息服务能力、事务服务能力、参与服务能力、微信影响力、服务提供能力；突出评价APP客户端的信息服务能力、事务服务能力、参与服务能力、服务提供能力。报告分别从门户网站、微博、微信及APP客户端这4种渠道对国务院各部委的电子政务服务能力指数进行考察，通过测评服务渠道指数，反映各测评渠道国务院各部委向公众提供公共服务的能力。

二 国务院部委网站服务能力指数

（一）国务院部委网站服务能力指数

表7-1 国务院部委网站服务能力指数

排名	部委简称	指数	排名	部委简称	指数	排名	部委简称	指数
1	民航局	83.84	18	国家邮政局	61.05	35	国家粮食局	53.99
2	测绘地信局	83.09	19	农业部	60.95	36	国家体育总局	53.58
3	水利部	77.61	20	国家文物局	60.50	37	国家统计局	52.30
4	教育部	74.70	21	国家外国专家局	59.67	38	国资委	52.17
5	国家质监局	73.19	22	环保部	59.22	39	民政部	51.53
6	交通运输部	71.51	23	国家烟草专卖局	59.05	40	安监总局	50.73
7	发改委	70.84	24	文化部	59.05	41	国土资源部	48.93
8	中国气象局	70.19	25	国家知识产权局	58.33	42	国家民委	48.50
9	人社部	69.99	26	海关总署	58.18	43	工信部	48.30
10	国家旅游局	68.74	27	央行	57.77	44	国家铁路局	46.60
11	商务部	68.67	28	保监会	57.57	45	财政部	46.09
12	国家能源局	67.53	29	证监会	57.35	46	国家煤监局	44.99
13	住建部	64.77	30	食药监总局	56.17	47	国家海洋局	44.74
14	工商总局	62.50	31	公安部	56.03	48	科技部	44.10
15	国家林业局	62.12	32	卫计委	55.69	49	国家机关事务管理局	43.94
16	广电总局	61.77	33	国务院侨办	54.97	50	银监会	42.98
17	国税总局	61.14	34	司法部	54.48	51	审计署	42.97

续表

排名	部委简称	指数	排名	部委简称	指数	排名	部委简称	指数
52	监察部	42.69	56	国家外汇管理局	39.21	60	中国工程院	37.40
53	国家信访局	42.27	57	国防部	38.04	61	国家中医药管理局	32.92
54	国务院港澳办	39.39	58	国家国防科工局	38.04	62	国务院参事室	30.85
55	国务院法制办	39.32	59	国家宗教事务局	38.02			

（二）整体概况

在国务院部委网站服务能力指数中，中国民用航空局位列第一，国家测绘地理信息局、水利部、教育部、国家质监局分列第二至五名。这5个部委网站在信息发布和事务服务上都有着良好的表现，网站导航明确，链接稳定可靠，能够基本满足各类用户的服务需求。排名靠后的网站目前仍处在信息发布阶段，事务服务能力建设严重滞后，对于用户的咨询和意见也难以做到有效反馈。总体而言，各部委的网站服务能力指数均值为53.11，处于较低水平。排名前五的部委指数均值为78.49，高于平均指数47.79%。此外，共36个部委在该指数上的表现优于平均水准，占比54.69%。

从国务院部委网站服务能力的组成维度来看，各部委网站的信息服务能力整体表现突出，指数均值为82.94；服务提供能力次之，指数均值为68.14，处于中等水平；相比而言，服务创新能力、事务服务能力、参与服务能力明显不足，指数均值分别为48.81、38.52、22.39，说明当前我国各部委网站仍以信息发布为主，在事务服务和用户沟通等方面还有很大的发展空间。

从国务院部委网站服务能力的机构分布来看，目前仅中国民用航空局和国家测绘地理信息局网站达到较高水平。国务院组成部门、国务院直属机构、国务院部委管理的国家局、国务院直属事业

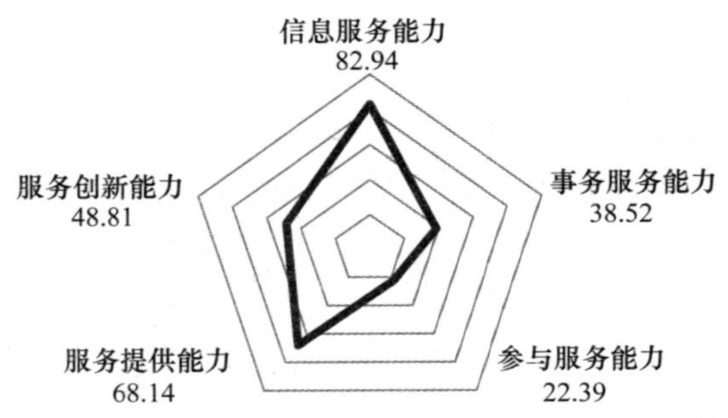

图 7－1　国务院部委网站服务能力总体指数

单位下的部委在该指数上的得分处于中等水平的数量分别是：8、6、3、1，其余各类机构在该指数上的得分均处于较低或低水平。

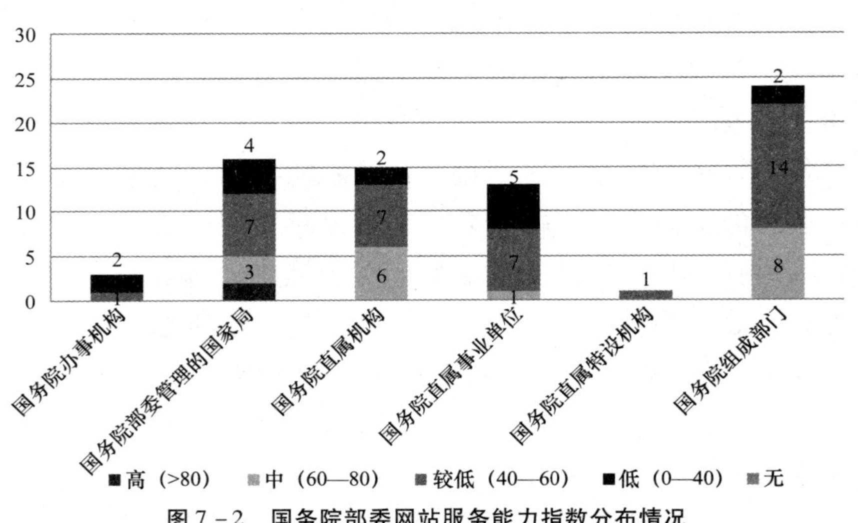

图 7－2　国务院部委网站服务能力指数分布情况

从国务院部委网站服务能力的区间分布来看，各部委网站服务能力整体较低。仅有中国民用航空局、国家测绘地理信息局 2 个部委的指数水准处于高水平，占比 3.13%，指数均值为 83.47，高出部委平均水平 57.16%。水利部、教育部等 18 个部委处于中等水平，占比 28.12%，指数均值为 67.10，高于部委平均水平 26.34%。国家外国专家局等 33 个部委则处于较低水平，占比 51.56%，指数均值为 51.42，略低于部委平均水平。另有 11 个部委指数低于 40，占比 17.19%。

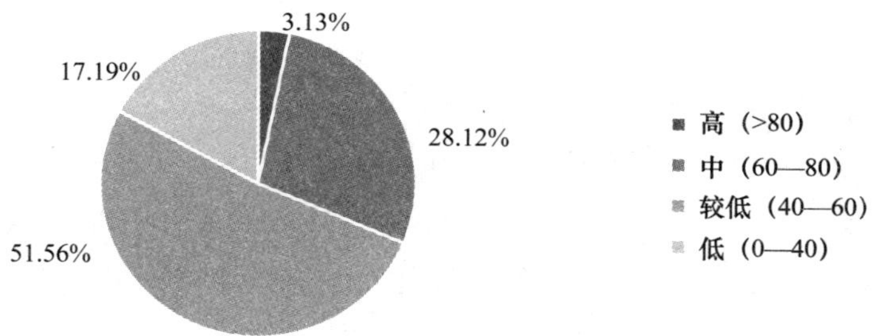

图 7－3 国务院部委网站服务能力指数区间分布

总体来说，与2017年版相比，部委网站服务能力指数变化不大。从部委网站服务能力的组成维度来看，仅服务创新能力明显提高，信息服务能力、事务服务能力、参与服务能力和服务提供能力依旧较弱，需加以重视与发展。

三 国务院部委微博服务能力指数

（一）国务院部委微博服务能力指数

表 7－2 国务院部委微博服务能力指数

排名	部委简称	指数	排名	部委简称	指数	排名	部委简称	指数
1	教育部	92.45	13	民政部	79.15	25	证监会	68.12
2	国资委	92.33	14	司法部	78.20	26	科技部	67.54
3	中国气象局	91.37	15	国家文物局	76.93	27	环保部	67.06
4	国家林业局	90.75	16	国家海洋局	76.28	28	国家铁路局	67.06
5	公安部	88.37	17	工信部	73.19	29	海关总署	64.94
6	卫计委	85.40	18	国家统计局	73.18	30	发改委	64.21
7	商务部	85.07	19	保监会	71.64	31	文化部	64.00
8	中国地震局	83.94	20	测绘地信局	71.06	32	国家质监局	62.27
9	外交部	83.56	21	国税总局	70.71	33	国土资源部	61.23
10	食药监总局	82.20	22	国家邮政局	70.11	34	国家外汇管理局	51.87
11	国家旅游局	80.46	23	安监总局	70.05	35	国家外国专家局	42.08
12	民航局	79.21	24	央行	69.82			

注：未列出无渠道服务的样本，下同。

（二）整体概况

在国务院部委微博服务能力指数中，教育部位列第一，国资委、中国气象局、国家林业局、公安部分列第二至五名。这5个部委的微博开通时间较早，且能保持较高的活跃度，以多元的形式（包括图片、视频、音乐、链接等）及时发布各类资讯。排名靠后的部委中，有29个尚未开通政务微博，另一些得分较低的部委微博也都是新开账号，在影响力和活跃度上相对滞后。总体而言，各部委的微博服务能力指数均值为40.56，整体服务能力不足。排名前五的部委指数均值为91.05，高于平均指数124.42%。此外，共35个部委在该指数上的表现优于平均水准，占比54.69%。

从国务院部委微博服务能力的组成维度来看，部委微博的各项服务能力整体欠佳，与网站仍有一定差距。其中，各部委微博的信息服务能力相对突出，指数均值为47.64；服务提供能力、微博创新能力、微博影响力低，亟待提升，指数均值分别为40.94、39.20、32.98。

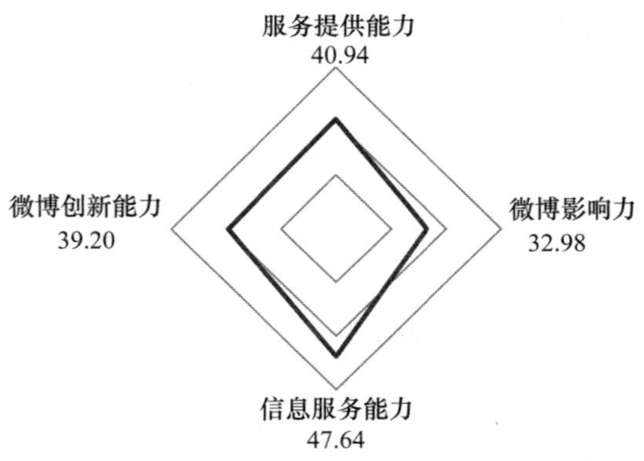

图7－4 国务院部委微博服务能力总体指数

从国务院部委微博服务能力的机构分布来看，在已开通微博的部委中，共有17个达到较高水平，其中国务院组成部门、国务院直属机构、国务院部委管理的国家局、国务院直属事业单位中的部委在该指数上的得分处于中等水平的数量分别是9、5、2、2，其余各部委在该指数上的得分均处于较低水平。

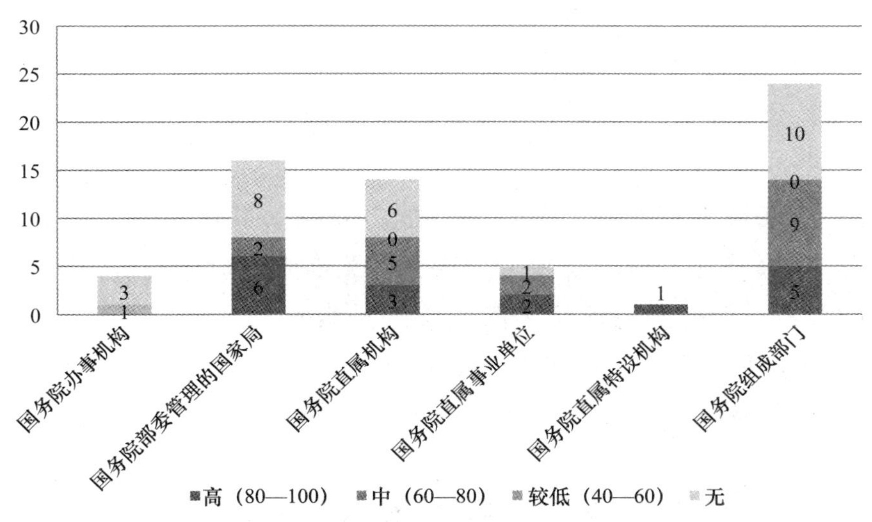

图7-5 国务院部委微博服务能力指数分布情况

从国务院部委微博服务能力的区间分布来看，教育部、国资委、中国气象局等11个政务微博服务能力处于较高水平，占比为17.19%，指数均值为86.90，高出部委平均水平114.25%。民航局、民政部等22个部委政务微博服务能力处于中等水平，占比为34.38%，指数均值为70.27，高出部委平均水平73.25%。国家外汇管理局、国家外国专家局2个部委政务微博服务能力处于较低水平，占比为3.13%，指数均值为46.97，高出部委平均水平15.80%。由于29个部委尚未开通政务微博，因而导致各部委微博服务能力指数均值整体偏低，仅为40.56，说明当前各部委对于微博渠道的重视度和利用度存在较大差距。

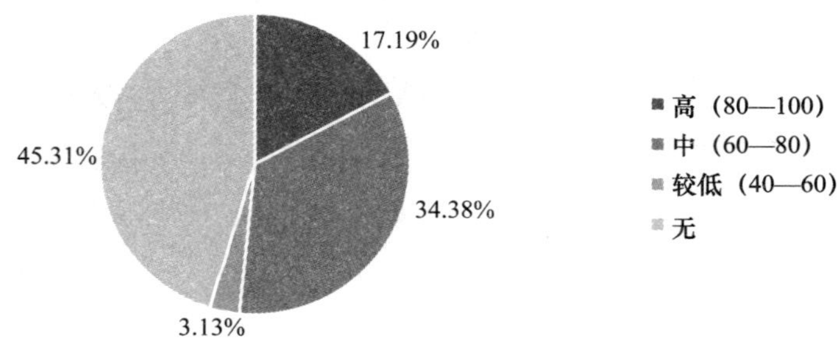

图 7－6　国务院部委微博服务能力指数区间分布

与 2017 年版相比，微博服务能力高的国务院部委大幅增加。2017 年版外交部和民航局分列第一、第二名，得分分别为 86.16 和 82.71，而此次测评排名前两位的是教育部和国资委，得分分别为 92.45 和 92.33；分数较低（40—60）的部委数量与 2017 年版相比大幅减少；依然有 45.31% 的部委机构没有政务微博。

四　国务院部委微信服务能力指数

（一）国务院部委微信服务能力指数

表 7－3　　国务院部委微信服务能力指数

排名	部委简称	指数	排名	部委简称	指数	排名	部委简称	指数
1	国家信访局	71.76	10	交通运输部	54.33	19	国防部	47.44
2	财政部	71.34	11	发改委	54.21	20	中国气象局	47.39
3	监察部	70.65	12	国家能源局	52.43	21	卫计委	46.45
4	商务部	58.73	13	教育部	51.54	22	海关总署	45.64
5	食药监总局	58.16	14	审计署	51.50	23	国资委	43.19
6	国家林业局	56.91	15	民航局	51.31	24	国家民委	42.44
7	司法部	56.75	16	民政部	49.52	25	测绘地信局	40.86
8	安监总局	56.56	17	科技部	48.80	26	国家知识产权局	40.71
9	国税总局	56.53	18	国家旅游局	48.64	27	环保部	40.67

续表

排名	部委简称	指数	排名	部委简称	指数	排名	部委简称	指数
28	国家海洋局	39.83	38	人社部	34.42	48	广电总局	26.84
29	国家质监局	39.79	39	中国地震局	33.37	49	国务院侨办	26.84
30	国家中医药管理局	39.12	40	证监会	33.22	50	央行	26.12
31	国家邮政局	37.25	41	国家外汇管理局	30.66	51	国家宗教事务局	24.83
32	国家粮食局	36.25	42	公安部	30.65	52	国土资源部	23.64
33	文化部	36.20	43	国家国防科工局	30.63	53	国务院法制办	19.94
34	工信部	36.01	44	保监会	30.25	54	国家机关事务管理局	19.79
35	外交部	35.58	45	国家体育总局	29.50	55	工商总局	19.12
36	国家统计局	35.41	46	水利部	29.38			
37	国家文物局	35.11	47	国家外国专家局	27.36			

（二）整体概况

在国务院部委微信服务能力指数中，国家信访局位列第一，财政部、监察部、商务部、食药监总局分列第二至五名。这5个部委的政务微信在信息服务能力、事务服务能力与微信影响力上都有着相对突出的表现，信息时效性强、办事流程清晰，且受众规模较大。排名靠后的部委政务微信目前仍处在信息发布阶段，事务服务能力与参与服务能力严重滞后，微信影响力也明显不足。总体而言，各部委的微信服务能力指数均值为35.65，整体服务能力低，其中34个部委服务能力超过平均水平，占比54.69%。平均水平未达到中等水平，其中仅有3个部委达到中等水平，占比4.69%。

从国务院部委微信服务能力的组成维度来看，各部委微信的信息服务能力整体处于中等水平，指数均值为76.09；而微信影响力、服务提供能力、事务服务能力和参与服务能力整体处于低水平，指数均值分别为 39. 35、24. 69、18. 13、11. 56。各部委微信目前仍以信息发布为主，尚未充分利用微信渠道的特性完善其他政务服务，这也与部委不是公众办事的直接受理者的特征有关。

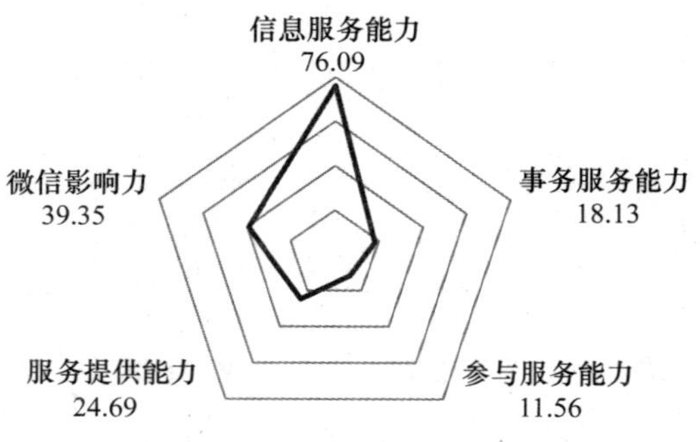

图 7 - 7　国务院部委微信服务能力指数

从微信服务能力的机构分布来看，目前只有国务院组成部门中的 2 个部委和国务院部委管理的国家局中的 1 个部委达到中等水平，其余机构类型中开通微信的部委多处于较低及低水平。另外，还有 9 个部委未开通政务微信。

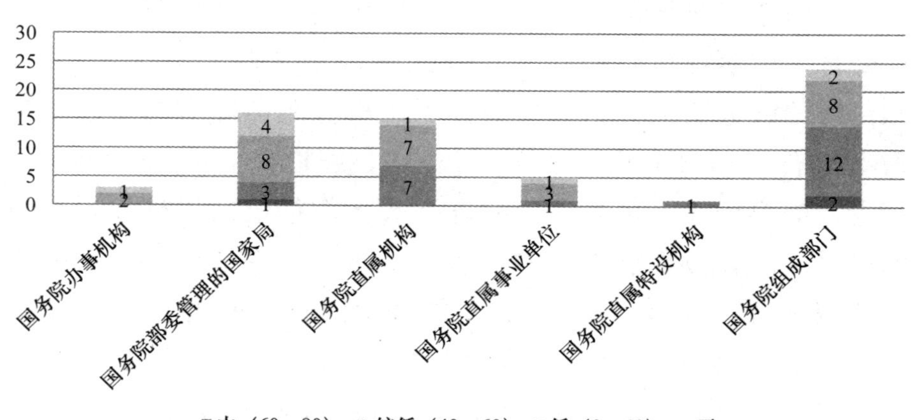

图 7 - 8　国务院部委政府微信服务能力指数分布情况

从国务院部委微信服务能力的区间分布来看，国家信访局、财政部、监察部的 3 个政务微信服务能力处于中等水平，指数均值为71.25，高出全国平均水平99.86%；24个部委的政务微信服务能力处于较低水平，指数均值为50.03，高于全国平均水平40.34%；28个部委的政务微信服务能力处于低水平，指数均值为30.97，低于全国平均水平13.13%。

此次测评新增了央行、国务院法制办等12个部委微信服务平台服务能力指数，得分较高的部委数目与2017年版持平。2017年版财政局和统计局分列第一、第二名，得分分别为71.71和70.27。此次测评排名前两位的分别是国家信访局和财政部，得分分别为71.76和71.34，另外监察部的得分（70.65）也超过了70分；分数较低（40—60）的部委数量与2017年版相比稳中有升；因有较多部委开设了微信服务平台，各部委的微信服务指数较2017年版（27.17）增长了近10分；依然有超过半数的部委机构得分低于40分或未开设微信服务平台。

五　国务院部委APP服务能力指数

（一）国务院部委APP服务能力指数

表7－4　国务院部委APP服务能力指数

排名	部委简称	APP指数	排名	部委简称	APP指数	排名	部委简称	APP指数
1	商务部	60.49	10	安监总局	46.66	19	国家邮政局	35.14
2	国家体育总局	53.27	11	民政部	46.48	20	教育部	31.50
3	文化部	52.15	12	外交部	42.26	21	国家知识产权局	29.78
4	国税总局	52.11	13	发改委	40.25	22	中国地震局	29.29
5	广电总局	50.69	14	国家质监局	39.27	23	环保部	28.45
6	工商总局	49.08	15	食药监总局	38.72	24	海关总署	26.18
7	国土资源部	48.91	16	监察部	38.00	25	国家外国专家局	25.55
8	国家林业局	48.23	17	财政部	36.02	26	国家统计局	25.32
9	交通运输部	46.74	18	人社部	35.70			

（二）整体概况

在国务院部委 APP 服务能力指数中，商务部位列第一，国家体育总局、文化部、国税总局、新闻出版广电总局分列第二至五名。这 5 个部委的政务 APP 在服务提供能力、信息服务能力、事务服务能力及参与服务能力上都有着相对突出的表现，其服务覆盖面广、信息时效性强，且参与反馈及时。排名靠后的部委 APP 各项服务能力较弱，信息的时效性和及时的参与反馈难以得到保证。由于仍有 38 个部委尚未建设 APP，各部委的 APP 服务能力指数均值仅为 16.50。总体而言，部委政务 APP 仍处于起步阶段，综合考虑部委职能特性和 APP 的开发成本，这一渠道的发展方向还需进一步讨论。

从国务院部委 APP 服务能力的组成维度来看，各部委的 4 个服务维度能力整体不足，服务提供能力、信息服务能力、事务服务能力、参与服务能力均处于低水平，这可能与部委的职能特征及 APP 的开发成本有一定关系。

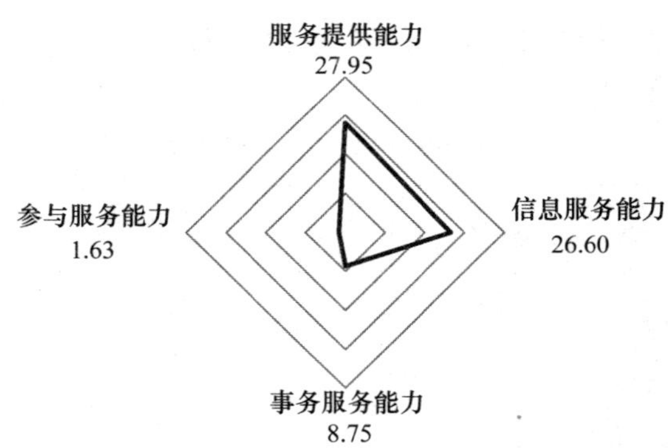

图 7－9　国务院部委 APP 服务能力指数

从国务院部委 APP 服务能力的机构分布来看，仅有来自国务院组成部门的商务部达到中等水平；国务院直属机构和国务院组成部门的部委 APP 服务能力水平呈现梯次分布，但整体水平偏低；而其余类型机构的绝大多数部委尚未建设相应的 APP。

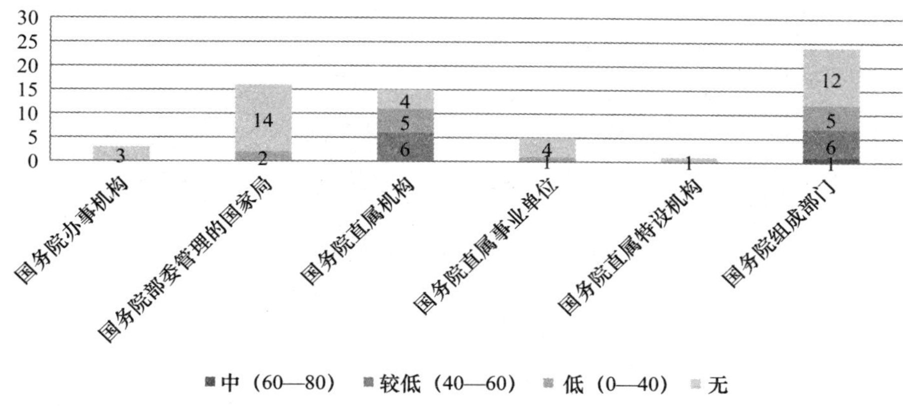

图 7－10　国务院部委 APP 服务能力指数分布情况

从国务院部委 APP 服务能力的区间分布来看，仅有商务部的 APP 服务能力处于中等水平，指数均值为 60.49，高出全国平均水平 266.61%；12 个部委的政务 APP 服务能力处于较低水平，指数均值为 48.07，高出全国平均水平 191.33%；13 个部委的政务 APP 服务能力处于低水平，指数均值为 32.22。此外，仍有 38 个部委尚未建成政务 APP，相比其他渠道，国务院部委政务 APP 的发展严重滞后。

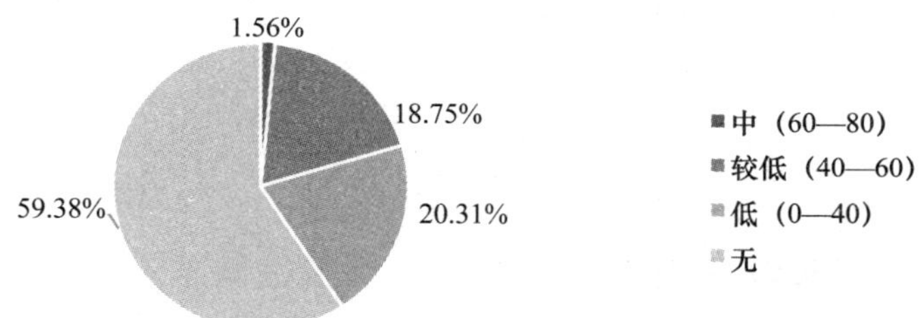

图 7－11　国务院部委 APP 服务能力指数区间分布

国务院部委 APP 服务能力与 2017 年版相比，得分较高的部委数目有所减少。2017 年版民航局和国税总局分列第一、第二名，得分分别为 72.95 和 70.64，此次测评排名前两位的分别是商务部和国家体育总局，得分分别为 60.49 和 53.27；依然有超过半数的部委机构没有符合标准的政务 APP。

第八章　国务院部委电子服务能力综合指数

一　国务院部委电子服务能力综合指数

（一）国务院部委电子服务能力综合指数说明

综合指数是国务院部委网站、“两微一端”4个渠道服务能力的综合测评指标，用以更加全面、客观地评价现阶段中国国务院部委电子服务渠道的建设水平，计算公式如下：

$$EGSAI_C = \sum_{i=1}^{4} \sigma_i EGSCI_i$$

其中，$EGSAI_C$ 为部委电子服务能力综合指数，σ_i 指权重，$EGSCI_i$ 为部委电子服务渠道指数，$i=1$，2，3，4分别代表各渠道指数。

（二）国务院部委电子服务能力综合指数

1. 国务院部委电子服务能力综合指数

表8-1　国务院部委电子服务能力综合指数

排名	部委简称	指数	排名	部委简称	指数	排名	部委简称	指数
1	商务部	66.53	4	国税总局	59.00	7	国家质监局	55.33
2	国家林业局	61.11	5	发改委	58.08	8	民航局	53.52
3	教育部	60.42	6	食药监总局	55.35	9	安监总局	53.47

续表

排名	部委简称	指数	排名	部委简称	指数	排名	部委简称	指数
10	民政部	53.16	29	工商总局	41.05	48	中国地震局	27.15
11	文化部	52.74	30	国家文物局	40.88	49	国家铁路局	26.69
12	交通运输部	51.44	31	国家体育总局	40.57	50	国务院侨办	26.42
13	国家邮政局	50.13	32	公安部	39.64	51	国防部	24.65
14	测绘地信局	49.88	33	国家知识产权局	38.87	52	住建部	24.51
15	中国气象局	49.15	34	保监会	37.92	53	农业部	23.06
16	环保部	47.95	35	证监会	37.64	54	国家烟草专卖局	22.35
17	海关总署	47.58	36	国家能源局	36.89	55	国家国防科工局	21.02
18	国家旅游局	47.40	37	央行	36.86	56	国家中医药管理局	20.91
19	国土资源部	45.12	38	科技部	36.36	57	国家机关事务管理局	20.91
20	国家统计局	44.13	39	工信部	35.95	58	国家宗教事务局	19.75
21	人社部	43.57	40	国家海洋局	35.84	59	国务院法制办	19.19
22	司法部	43.26	41	水利部	35.72	60	国家煤监局	17.03
23	广电总局	42.88	42	外交部	33.02	61	银监会	16.26
24	财政部	42.60	43	国家信访局	31.51	62	国务院港澳办	14.91
25	卫计委	42.38	44	国家外汇管理局	28.47	63	国务院参事室	11.67
26	监察部	41.70	45	国家粮食局	28.11	64	国家公务员局	8.57
27	国资委	41.35	46	国家民委	27.53			
28	国家外国专家局	41.09	47	审计署	27.39			

2. 整体概况

在国务院部委渠道综合指数中，商务部位列第一，国家林业局、教育部、国税总局和发改委分列第二至五名。这5个部委在电子政务服务的渠道建设上均有较好的表现，其中商务部与各方用户的互动频繁，国家林业局在信息发布和传播分享上表现突出；教育部、国税总局和发改委则注重网站和“两微一端”的多渠道同步建设。排名靠后的部委普遍缺乏新媒体渠道的建设，其电子服务渠道仍以门户网站为主。总体而言，各部委电子服务渠道综合指数的均值为37.74，处于较低水平，共有34个部委超过平均水平，占比53.13%。

从国务院部委渠道综合指数的区间分布来看，各部委电子服务综合能力建设水平梯次分布明显，整体水平偏低。商务部、国家林业局和教育部处于中等水平，占比4.69%，均值为62.28。国税总局、发改委等28个部委处于较低水平，占比43.75%，均值为47.67。公安部、国家知识产权局等33个部委处于低水平，占比51.56%，均值为27.05。

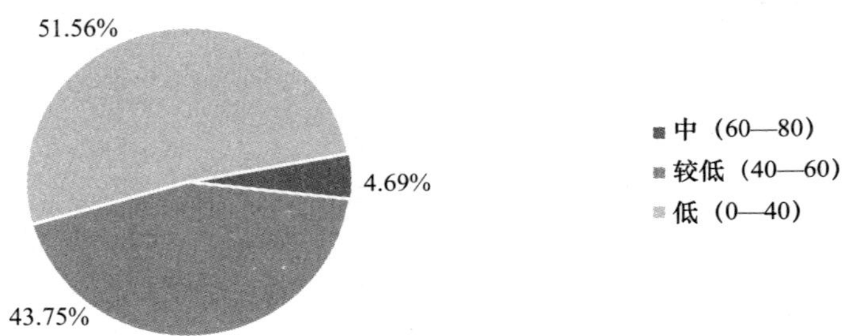

图8－1　国务院部委电子服务能力综合指数区间分布

表8－2　国务院部委电子服务能力综合指数区间分布

中（60—80）	较低（40—60）			低（0—40）		
商务部	国税总局	中国气象局	监察部	公安部	国家信访局	国家烟草专卖局
国家林业局	发改委	环保部	国资委	国家知识产权局	国家外汇管理局	国家中医药管理局
教育部	食药监总局	海关总署	国家外国专家局	保监会	国家粮食局	国家机关事务管理局
	国家质监局	国家旅游局	工商总局	证监会	国家民委	国家宗教事务局
	民航局	国土资源部	国家文物局	国家能源局	审计署	国务院法制办

续表

中 (60—80)	较低 (40—60)			低 (0—40)		
	安监总局	国家统计局	体育总局	央行	中国地震局	煤监局
	民政部	人社部		科技部	国家铁路局	国家国防科工局
	文化部	司法部		工信部	国务院侨办	银监会
	交通运输部	广电总局		国家海洋局	国防部	国务院港澳办
	国家邮政局	财政部		水利部	住建部	国务院参事室
	测绘地信局	卫计委		外交部	农业部	国家公务员局

从国务院部委渠道综合指数的组成维度来看，网站建设总体优于其他3个渠道，各部委网站的指数均值为53.11，仍处于较低水平；微博同处于较低水平，各部委均值为40.56，微信和APP建设水平较低，指数均值分别为35.65和16.50，部委的APP缺失比较严重，究其原因，可能是由于部委职能不同，其所需开放的服务存在差异，因此并不是所有部委都适合或都需要使用APP来提供政务服务。

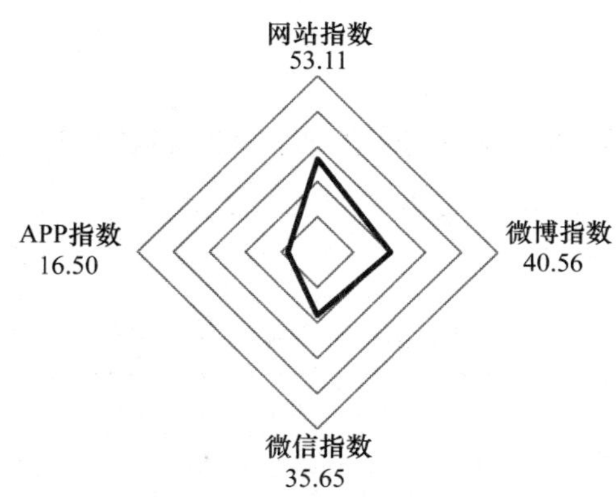

图8-2　国务院部委电子服务能力综合指数渠道维度

排名前三的是商务部、国家林业局和教育部，得分分别为66.53、61.11和60.42。2017年版部委综合指数中仅有3个部委得分超过60分，分别是国税总局、国家统计局与民航局，得分分别为67.70、62.46和61.26。因较多部委开设了微信服务平台，各部委的微信服务指数较2017年版（27.17）增长了近10分，微博指数也略有增长（2017年版为37.04），网站指数与2017年版（53.04）相比基本持平，APP较2017年版（18.14）略有下降。依然有超过半数的部委综合指数得分低于40分。

二　国务院部委电子服务能力"双微"指数

（一）国务院部委电子服务能力"双微"指数说明

"双微"指数是国务院部委官方微信、微博两个渠道服务能力的综合测评指标，用以客观和全面地评价现阶段国务院部委电子服务能力的"双微"建设情况。其计算公式如下：

$$EGSAI_{dw} = \sum_{i=2}^{3} \sigma_i EGSAI_i$$

其中，$EGSAI_{dw}$ 为部委电子服务能力"双微"指数，σ_i 指权重，$EGSAI_i$ 为部委电子服务能力指数，$i=2$，3，分别代表微博、微信的政务服务能力指数。

（二）国务院部委电子服务能力"双微"指数

1. 国务院部委电子服务能力"双微"指数

表8-3　国务院部委电子服务能力"双微"指数

排名	部委简称	指数	排名	部委简称	指数	排名	部委简称	指数
1	国家林业局	69.93	6	中国气象局	64.31	11	民航局	61.16
2	商务部	68.86	7	国资委	62.09	12	民政部	60.91
3	食药监总局	67.41	8	国税总局	61.99	13	国家旅游局	60.88
4	教育部	67.28	9	安监总局	61.75	14	发改委	58.05
5	司法部	65.00	10	卫计委	61.43	15	科技部	56.00

续表

排名	部委简称	指数	排名	部委简称	指数	排名	部委简称	指数
16	测绘地信局	55.61	31	监察部	43.48	46	国家邮政局	22.92
17	外交部	54.03	32	央行	42.92	47	国家粮食局	22.31
18	海关总署	53.06	33	国家文物局	41.56	48	人社部	21.18
19	公安部	52.85	34	国土资源部	38.10	49	国家外汇管理局	18.87
20	中国地震局	52.82	35	国家国防科工局	35.03	50	国家体育总局	18.15
21	工信部	50.31	36	交通运输部	33.44	51	水利部	18.08
22	国家海洋局	50.30	37	国家能源局	32.27	52	广电总局	16.52
23	国家统计局	49.94	38	审计署	31.69	53	国务院侨办	16.52
24	国家质监局	48.44	39	国防部	29.19	54	国家宗教事务局	15.28
25	文化部	46.89	40	国家公务员局	27.33	55	国务院法制办	12.27
26	证监会	46.64	41	国家铁路局	26.96	56	国家机关事务管理局	12.18
27	国家外国专家局	46.18	42	国家民委	26.11	57	工商总局	11.77
28	保监会	46.17	43	国务院发展研究中心	25.93	58	中国工程院	7.36
29	国家信访局	44.16	44	国家知识产权局	25.05			
30	财政部	43.90	45	国家中医药管理局	24.07			

2. 整体概况

在国务院部委“双微”服务能力指数中，国家林业局位列第一，商务部、食药监总局、教育部和司法部分列第二至五名。这5个部委在电子政务服务的“双微”渠道建设上表现突出，能够积极利用“双微”渠道的传播特性，面向公众进行信息发布和互动交流。排名靠后的部委则不够重视社交平台的网络舆情态势，在“双微”渠道方面的活跃程度还明显不足。总体而言，各部委电子服务能力“双微”指数的均值为37.54，处于较低水平，有35个部委超过平均水平，占比超过一半。

从国务院部委“双微”指数的区间分布来看，各国部委电子服务“双微”建设水平呈现高低分化，整体水平较低。其中，国家林业局、商务部等13个部委的“双微”服务能力达到中等水平，占比20.31%，均值为64.08。发改委、科技部等21个部委的“双微”服务能力处于较低水平，占比32.81%，均值为49.24。国土资源部、国家国防科技工业局等23个部委的“双微”服务能力低下，占比35.94%，均值为23.27。住建部等6个部委无“双微”服务能力得分，占比10.94%。

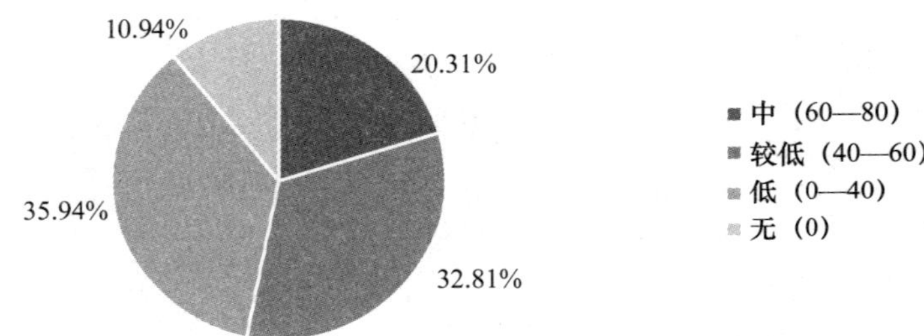

图8－3 国务院部委电子服务能力“双微”指数区间分布

表8－4 国务院部委电子服务能力“双微”指数区间分布

高（80—100）	中（60—80）	较低（40—60）		低（0—40）			无（0）
	国家林业局	发改委	国家统计局	国土资源部	国家知识产权局	国家体育总局	住建部
	商务部	科技部	国家质监局	国家国防科工局	国家中医药管理局	水利部	农业部
	食药监总局	测绘地信局	文化部	交通运输部	国家邮政局	广电总局	国务院参事室
	教育部	外交部	证监会	国家能源局	国家粮食局	国务院侨办	国务院港澳办
	司法部	海关总署	国家外国专家局	审计署	人社部	国家宗教事务局	银监会

续表

高（80—100）	中（60—80）	较低（40—60）		低（0—40）			无（0）
	中国气象局	公安部	保监会	国防部	国家外汇管理局	国务院法制办	国家烟草专卖局
	国资委	中国地震局	国家信访局	国家公务员局	国家机关事务管理局		
	国税总局	环保部	财政部	国家铁路局	工商总局		
	安监总局	工信部	监察部	国家民委			
	卫计委	国家海洋局	央行				
	民航局	国家文物局					
	民政部						
	国家旅游局						

总的来说，与2017年版相比，国务院部委电子服务能力“双微”指数总体略有提高，中等水平的部委数量有较大增长，但“双微”指数较低的部委发展仍然滞后、缓慢，需要继续对电子政务服务的发展加以重视。

三　国务院部委电子服务能力“新媒体”指数

（一）国务院部委电子服务能力“新媒体”指数说明

“新媒体”指数是国务院部委官方微信、官方微博和APP 3个渠道服务能力的综合测评指标，用以测评国务院各部委电子服务的“两微一端”建设情况。其计算公式如下：

$$EGSAI_{nm} = \sum_{i=2}^{4} \sigma_i EGSCI_i$$

其中，$EGSAI_{nm}$为电子政务服务能力“新媒体”指数，σ_i指权重，$EGSCI_i$为电子政务服务渠道指数，$i=2$，3，4分别代表微博、微信和APP政务服务能力指数。

（二）国务院部委电子服务能力"新媒体"指数

1. 国务院部委电子服务能力"新媒体"指数

表 8－5　　国务院部委电子服务能力"新媒体"指数

排名	部委简称	指数	排名	部委简称	指数	排名	部委简称	指数
1	商务部	65.21	20	交通运输部	39.22	39	证监会	26.35
2	国家林业局	60.49	21	司法部	36.73	40	保监会	26.09
3	国税总局	57.69	22	中国气象局	36.34	41	国家信访局	24.96
4	安监总局	55.18	23	国资委	35.08	42	央行	24.25
5	食药监总局	54.93	24	民航局	35.06	43	国家外汇管理局	21.93
6	民政部	54.63	25	卫计委	34.71	44	国家能源局	18.24
7	教育部	51.71	26	国家旅游局	34.40	45	审计署	17.91
8	发改委	50.3	27	国家体育总局	33.42	46	国防部	16.50
9	文化部	49.17	28	科技部	31.65	47	国家民委	14.76
10	外交部	48.91	29	广电总局	31.38	48	国家铁路局	14.57
11	国家质监局	44.45	30	国家海洋局	30.43	49	国家中医药管理局	13.61
12	国家邮政局	43.47	31	公安部	29.86	50	国家粮食局	12.61
13	国土资源部	42.79	32	国家外国专家局	29.77	51	国家国防科工局	10.65
14	中国地震局	42.58	33	测绘地信局	29.65	52	水利部	10.22
15	海关总署	41.37	34	国家文物局	28.93	53	国务院侨办	9.34
16	监察部	41.09	35	工信部	28.43	54	国家宗教事务局	8.64
17	环保部	41.09	36	工商总局	27.99	55	国务院法制办	6.94
18	财政部	40.47	37	人社部	27.49	56	国家机关事务管理局	6.88
19	国家统计局	39.23	38	国家知识产权局	27.11			

2. 整体概况

在国务院部委电子服务能力“新媒体”指数中，商务部位列第一，国家林业局、国税总局、安监总局和食药监总局分列第二至五名。这5个部委在电子政务服务的“两微一端”建设上表现突出，其中商务部的“两微一端”渠道建设起步较早，整体管理和运行机制较为成熟。排名靠后的部委在“两微一端”渠道的使用和建设上明显不足，APP渠道的缺失影响了部委政务服务的质量。总体而言，各部委电子服务能力“新媒体”指数的均值为28.39，处于较低水平。共有35个部委超过平均水平，占比54.69%。

从国务院部委“新媒体”指数的区间分布来看，各部委电子服务“两微一端”建设水平参差不齐，整体水平偏低。其中，仅有商务局和国家林业局的“新媒体”服务能力处于中等水平，占比3.13%，均值为62.85。国税总局等16个部委的“新媒体”服务能力处于较低水平，占比25.00%，均值为47.49。国家统计局等38个部委的“新媒体”服务能力处于低水平阶段，占比59.38%，均值为24.51。住建部等8个部委无“新媒体”渠道服务，占比12.50%。

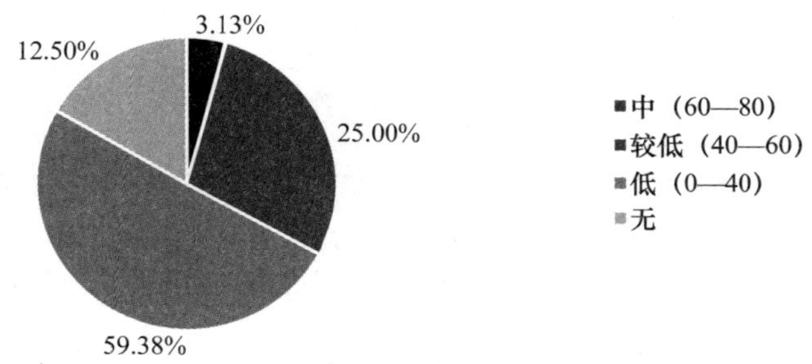

图8-4 国务院部委电子服务能力“新媒体”指数分布情况

表 8－6　　国务院部委电子服务能力“新媒体”指数区间分布

中（60—80）	较低（40—60）		低（0—40）			无（0）	
商务部	国税总局	中国地震局	国家统计局	广电总局	证监会	住建部	
国家林业局	安监总局	海关总署	交通运输部	国家海洋局	保监会	农业部	
	食药监总局	监察部	司法部	公安部	国家信访局	国务院参事室	
	民政部	环保部	中国气象局	国家外国专家局	央行	国务院港澳办	
	教育部	财政部	国资委	测绘地信息	国家外汇管理局	银监会	
	发改委		民航局	国家文物局	国家能源局	国家烟草专卖局	
	文化部		卫计委	工信部	审计署	国家公务员局	
	外交部		国家旅游局	工商总局	国防部	国家煤监局	
	国家质监局		国家体育总局	人社部	国家民委		
	国家邮政局		科技部	国家知识产权局	国家铁路局		
	国土资源部		国家粮食局	国务院侨办	国家机关事务管理局		
			国家国防科工局	国家宗教事务局	国家中医药管理局		
			水利部	国务院法制办			

总的来说，与 2017 年版相比，国务院部委电子服务能力“新媒体”指数总体略有提高，指数低于 40 的部委数量大幅减少，少于上一年的 1/4，较低分段（40—60）的部委数量大幅增长，中分段（大于 60）部委数量无明显变化。

第九章　国务院部委电子服务最佳实践

一　国务院部委电子服务最佳实践说明

随着科技发展，社会公众日益增长的电子政务服务需求供给不足、质量不高的问题逐渐显现，各部委服务供给水平参差不齐，如何缩小部委间差距，保证各个部门的电子政务渠道都能便捷办事，是目前电子政务服务持续发展的迫切需要。本次CESAI项目组甄选了部委中若干优秀案例，希望对各部委电子服务建设起到启发性的作用。

这里的最佳实践是根据CESAI项目组对“两微一端”及部委网站进行测评所得的各项渠道指数进行排名，并选取指数排名最高的部委及其相对应的电子服务渠道作为部委的最佳实践示例。

本次CESAI项目组在政务网站、政务微博、政务微信和政务APP 4个渠道中各选取一个部委的最佳实践示例，分别是“中国民用航空局”（网站）、“微言教育”（微博）、“国家信访局”（微信）和“商务部网站”（APP）。

二　国务院部委政务网站最佳实践

“中国民用航空局”（民航局）在国务院部委网站服务能力

指数中排名第一，在各个服务维度上均有良好表现。在信息服务方面，该网站的板块类目清晰，界面简洁，不仅能及时发布民航局的各项动态和相关政策，还能为旅客提供航班、天气等相关出行资讯。

图 9－1　中国民用航空局网站首页

图 9－2　民航旅客出行服务

在事务服务方面，该网站已基本实现了部分事项全程在线办理，针对有特殊要求且必须到实地服务机构办理的事项提供了清晰的办事指南，以便用户提前准备所需材料，提高办事效率。网站的服务导航简明清晰，相关服务分为行政许可、公共服务、个人办事和单位办事四大类，方便用户找到所需服务入口。为了防止用户不能确定办理事务的类型，网站还设置了“场景服务”，从用户的角度模拟办事入口，如“我要申请民用航空器维修许可”“我要申请民用航空器国籍登记”等。

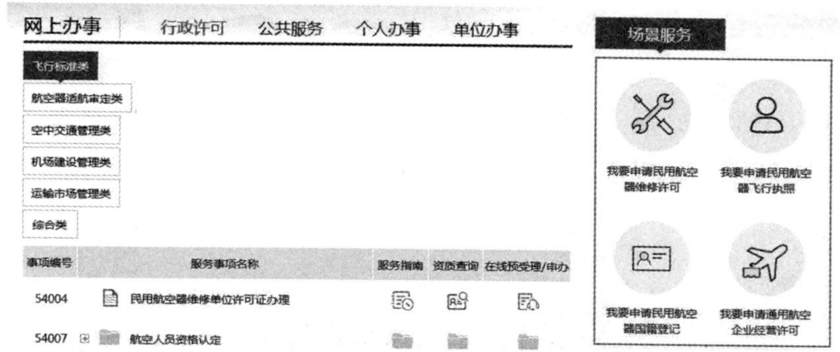

图 9－3　中国民用航空局网站事务服务界面

三　国务院部委政务微博最佳实践

“微言教育”（教育部新闻办公室官方微博）在国务院部委微博服务能力指数中排名第一，在各个服务维度上均表现出色。在微博影响力方面，“微言教育”影响力较大，目前已积累698万粉丝。

微言教育

11月9日 15:39 来自 微博 weibo.com

【国家奖学金获奖学生名单公布，祝贺获奖的同学！】刚刚，教育部公布了2016—2017学年度本专科生国家奖学金获奖学生名单。教育部、财政部联合成立了国家奖学金评审领导小组，设立了国家奖学金评审委员会。按照客观、公平、公正的原则，经评审确定，共49990名学生获得2016—2017学年度本专科生国家奖学 ... 展开全文

收藏　85　158　188

图 9－4　“微言教育”信息发布

“微言教育”能够向用户实时发布教育资讯，服务广大网友。其信息发布及时且全面，内容包括研招信息、就业信息、经典成语等。例如，“微言教育”及时发布了2018年研招现场确认贴士，并与网友积极互动，为网友答疑解惑。

图9－5 “微言教育”发布研招信息

四 国务院部委政务微信最佳实践

“国家信访局”在国务院部委微信服务能力指数中排名第一，在各个服务维度上均有良好表现。

在信息服务方面，每日平均发布4条图文消息，其推送大多为基层民众密切关注的信访情况反馈，如固定推送“我在基层做信访”栏目。此外，国家信访局微信在受众规模上表现突出，每日推送都有较大的阅读量和点赞量，所有推送内容都属于按照《政府信息公开条例》产生的第一手资料或其他来源明确的官方资料，且时效性较强。

图9－6　国家信访局微信日常推送

图9－7　国家信访局微信服务界面

在事务服务方面，该公众号具有简明清晰的一级快捷菜单栏，分为“信访资讯”“信访指南”“网上信访”。用户通过“信访资讯”和“信访指南”入口可以方便快捷地查询到信访条例、信访注意事项及信访事项办理等服务信息，而“网上信访”入口则提供了“投诉请求”“建议征集”“查询评价”及“APP下载”等各类参与服务的链接入口，用户可以通过自助式快捷菜单寻找自己需要的相关信息。

五　国务院部委政务APP最佳实践

“商务部网站”（国家商务部）在国务院部委APP服务能力指数中排名第一，在各个服务维度上均表现不俗。

在信息服务方面，该APP能在第一时间权威发布国家商务部重大新闻，面向公众发布商务信息、发布与解读政策以及发布商务预警等。

在事务服务方面，提供“办事指南查询”“机构指南”“驻外商务服务”“商务统计”“结果公开”“行政大厅预约查询”等多项服务，为公民办事提供便利。开设了“意见征求”和“留言”等互动窗口，设置推荐应用下载和商务词汇查询等服务工具。

图 9－8　商务部 APP 资讯与查询界面

第十章　问题与反馈

一　测评过程说明

报告整个测评过程如图 10－1 所示。

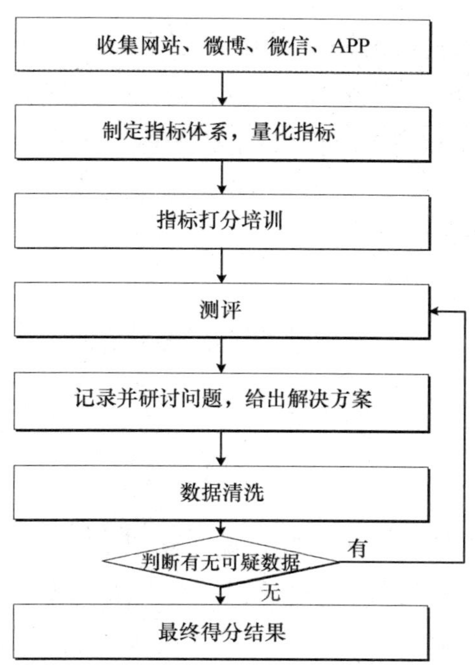

图 10－1　测评过程流程

测评过程可概括为：

（1）数据收集。通过网页、微信、微博检索，确定符合数据采集对象标准的各级政府的官方网站的网址、政务微博和政务微信的 ID、政务 APP 的下载地址。将渠道信息汇总后进行复核，确定各测评对象严格符合制定的标准。

（2）指标体系的建立。通过文献调研、专家访问、小组研讨制定出评价待测评对象的指标体系，并对所有指标进行量化处理。

（3）测评原则贯彻与技巧培训。进行测评前的统一培训，使项目组成员熟练掌握测评原则和标准，最大限度降低个体评价差异。

（4）全面测评。根据记录的各政府的门户网站网址、官方微博账号、官方微信公众号和官方 APP 下载地址，分小组正式开展测评。

（5）记录测评问题。项目组成员记录并反馈在测评过程中遇到的问题，全员共同商讨统一测评标准并制定解决方案。

（6）数据清洗。第一轮全面测评后，依据原测者重测为主、组长重测为辅的原则对可疑数据进行重测复查，采取重点抽样方式，对数据进行清洗。

二　特殊情况处理

（1）样本在测评期间开通相应渠道，均需更新相关信息，予以测评。

（2）依据已有给分原则无法判定评分，即遇“特殊情况”时，及时告知团队负责人，制定新标准统一解决此类问题。

（3）测评数据可疑的样本，原测试人应给予重测，仍有疑点，数据清洗小组负责核查。

（4）缺乏相应政务渠道或部分政务维度服务，则统一将该项政务服务记为 0 分。

三　局限与不足

（1）评测时间具有先后性。本次测评历时两个月，不同渠道、不同政府的测评时间存在先后顺序，即存在时间差，而信息服务能力相关指标敏感度强、精确性高，以至于不同时间节点评测的得分可能有所差异，使测评结果受到一定影响。

（2）成员评分尺度具有差异性。由于待测评样本数量庞大，为保证进度，需要团队成员单独针对某一研究对象进行测评，虽然贯彻了测评原则并统一了测评给分尺度，但成员间认知层面不同，给分尺度难以保证完全一致，特别是在部分指标上。例如，政府网站测评，参与服务能力维度的“参与反馈”指标是根据“省长信箱”和“市长信箱”的反馈结果来给分，各成员对反馈结果认知并非完全相同，给分可能存在差异。

（3）参照标准具有局限性。测评过程中对于部分测评指标难以量化，我们选定了参照标准作为评分依据，这具有一定的随机性，会影响该项指标的评比结果。例如，政府网站测评，其事务服务能力维度下“公众（个人）办事”指标，约定以“婚姻登记”为例，如果将“婚姻登记”改为“护照办理”时，该项指标评分可能会变动，其随机性影响了最终结果。

（4）测评工具具有差异性。团队使用电脑测评官方网站，使用手机测评官方微博、官方微信公众号和官方 APP。而成员所使用的电脑和手机的型号、操作系统未必相同，性能也存在差异。例如，政务 APP 测评，服务提供能力的“稳定可靠”指标，规定根据使用过程中出现的闪退或卡顿等异常情况来打分，但部分成员测评出现这种异常情况可能是因为使用的手机性能不佳等因素所致，不能完全归咎于政务 APP 渠道服务能力不足。

四 版权说明

五 交流反馈

您的意见与反馈将是项目组提高电子政务测评报告质量的重要动力和提升方向，将有助于更好地推进中国电子政务的发展进程。您的意见我们将及时给予反馈，谢谢您的支持与合作！

反馈联系方式：cesai2017@163.com。

附录1　省市政府电子服务能力测评指标

附表1－1　　政务网站服务能力测评指标

一级指标	二级指标	三级指标
政务网站服务能力（权重：0.3784）	1. 信息服务能力（ISC）（权重：0.2059）	1. 有用实用
		2. 来源权威
		3. 时间效度
		4. 易得可得
	2. 事务服务能力（ASC）（权重：0.2549）	1. 公众（个人）办事
		2. 企业（法人）办事
		3. 全程办理率
	3. 参与服务能力（PSC）（权重：0.1765）	1. 参与管理
		2. 参与回应
		3. 参与反馈
	4. 服务提供能力（SDC）（权重：0.2353）	1. 便捷易用
		2. 公平
		3. 稳定可靠
	5. 服务创新能力（SIC）（权重：0.1275）	1. 意见与建议吸纳能力
		2. 分享传播能力

附表 1－2 **政务微博服务能力测评指标**

一级指标	二级指标	三级指标
政务微博服务能力（权重：0.1351）	1. 信息服务能力（ISC）（权重：0.3418）	1. 有用实用
		2. 来源权威
		3. 时间效度
		4. 易得可得
	2. 微博影响力（WI）（权重：0.2911）	1. 受众规模
		2. 信息规模
		3. 活跃度
		4. 交互性
	3. 服务提供能力（SDC）（权重：0.1646）	1. 发布时长
	4. 服务创新能力（SIC）（权重：0.2025）	1. 采纳能力
		2. 吸收能力

附表 1－3 **政务微信服务能力测评指标**

一级指标	二级指标	三级指标
政务微信服务能力（权重：0.2162）	1. 信息服务能力（ISC）（权重：0.2252）	1. 有用实用
		2. 来源权威
		3. 时间效度
		4. 易得可得
	2. 事务服务能力（ASC）（权重：0.1622）	1. 效率效果
	3. 参与服务能力（PSC）（权重：0.2072）	1. 参与渠道
	4. 微信影响力（WI）（权重：0.2162）	1. 受众规模
		2. 信息规模
	5. 服务提供能力（SDC）（权重：0.1892）	1. 便捷易用

附表1－4　**政务APP服务能力测评指标**

一级指标	二级指标	三级指标
政务APP服务能力（权重：0.2703）	1. 信息服务能力（ISC）（权重：0.2529）	1. 有用实用
		2. 来源权威
		3. 时间效度
		4. 易得可得
	2. 事务服务能力（ASC）（权重：0.2414）	1. 效率效果
	3. 参与服务能力（PSC）（权重：0.2184）	1. 参与管理
		2. 参与回应
		3. 参与反馈
	4. 服务提供能力（SDC）（权重：0.2874）	1. 渠道面
		2. 覆盖面
		3. 易得性
		4. 稳定可靠
		5. 易用性
		6. 使用反馈
		7. 社交性

附录2　省市政府电子服务能力测评标准

附表2－1　　　　　　　　　政务网站测评标准

信息服务能力	
1. 有用实用	（1）机构职能介绍完整、清晰，有完整的职能简介、负责人、联系方式、地址信息等，得5分；缺一项扣2分。（2）环境保护或医疗卫生方面发布的官方报告，题目与内容相吻合、有结论、有数据佐证、有参考价值，得5分；缺一项扣2分。计算公式：取（1）（2）均分
2. 来源权威	在政府网站首页任选10条发布的“信息”，统计“信息”来源于“官方第一手资料”或者“标明转载出处”的信息数目 n（多个栏目，随机抽取样本）。计算公式：$n/2$
3. 时间效度	选择政府网站主页“今日要闻”“热点动态”“要闻动态”等能代表工作日当天信息的栏目。计算方法：信息发布的最新日期为当天的得5分，最新日期为昨日（2天）的得4分，3天为3分，4—5天为2分，6—14天为1分，14天及以上为0分
4. 易得可得	在政府网站首页任选10条发布的信息，统计可以正确打开并看到完整内容的链接数目 n（如测试过程发现任何死链接，本项扣1分，标注死链接数）。计算公式：$n/2$
事务服务能力	
1. 公众（个人）办事	在政府网站“公众办事”“便民服务”（或类似栏目）中选择一个办事项目，要求有清晰办事流程说明，能完成服务的全程办理。具体测试：以“婚姻登记”为例，若办事指南、信息录入、预约、支付、查询均可线上完成，得5分；实现一项，得1分。出现需要注册的步骤可视为实现

续表

2. 企业（法人）办事	在政府网站“企业办事”（或类似栏目）中选择一个办事项目，要求有清晰办事流程说明，能完成服务的全程办理。具体测试：以“有限责任公司设立（或内资公司登记、设立等表述）”的办理为例，若办事指南、预约、申请、支付、查询均可线上完成，得5分；实现一项，得1分
3. 全程办理率	在政府网站“公众办事”“法人办事”（或类似栏目）中任选10个办事项目，统计能完成全程办理的服务的数量。说明：引导至登录、注册界面，可视为可全程办理，有特殊要求必须到现场办理、又提供清晰“办事指南”的视为可全程办理。计算公式：$n/2$
参与服务能力	
1. 参与管理	通过“省长信箱”“市长信箱”进行咨询，有（1）省长、市长职责介绍、（2）写信须知（注意事项）、（3）注册协议、（4）写信界面、（5）查询或公开等功能。以上功能实现一项得1分，功能合并的按总分计算
2. 参与回应	对上例测评对象分2个周期进行测试，1个周期为1周，24小时内回复的得5分，24—48小时内回复的得4分，48—72小时内回复的得3分，72—96小时内回复的得2分，96—168小时内回复的得1分，超过168个小时仍未回复的得0分
3. 参与反馈	对上例反馈结果进行分析，给予正面、充分回应的得5分，推至其他职能部门或人的得1分，未收到回应的得0分；基于正面回应的程度判定得2—4分
服务提供能力	
1. 便捷易用	政府网站（1）有明确的导航条或导航栏；（2）按用户类型对服务事项进行了划分，比如分为个人与法人、公众与企业；（3）二级类目按事项类型进行归类，比如“个人服务”中按教育、就业、社保等进行了分类整理，“法人服务”按资质认定、经营纳税等进行了分类整理。以上功能实现一项得1分，实现两项得3分，实现3项得5分
2. 公平	政府网站功能上支持（1）多种语言，如繁体中文、英文、日文等；（2）辅助老人、盲人使用，支持语音、读屏功能；（3）对硬软件性能无特别要求（主要考虑低收入人群的使用）；（4）帮助功能简单易用、流程清楚。以上功能只实现一项得2分，每多一项加1分

续表

3. 稳定可靠	访问政府网站的时候（1）网址3次访问均能打开；（2）首页各类内容、元素均能正常显示；（3）相应二级页面3次测试均能打开；（4）外部链接3次测试均能打开；（5）多语言版本、搜索功能等辅助功能均能使用。以上功能实现一项得1分
服务创新能力	
1. 意见与建议吸纳能力	政府网站有（1）联系我们；（2）网站纠错；（3）网站评价等类似功能，测试并给出回应。测试周期为1周，给予正面、充分回应的得5分，未收到回应的得0分；基于正面回应的程度判定得2—4分（统一设计咨询内容）
2. 分享传播能力	是否有分享到社交平台功能？在首页从不同栏目中随机打开5条信息，统计具备分享到社交平台功能的信息数目。无此功能得0分

附表2－2 **政务微博测评标准**

服务提供能力	
1. 发布时长	是否有政务微博？如无，0分；如有，2015年开通得1分；2014年开通得2分；2013年开通得3分；2012年开通得4分；2011年及更早开通得5分
微博影响力	
1. 受众规模	政务微博粉丝数排名（排名前10%得5分；排名前20%得4分；排名前30%得3分；排名前50%得2分；其余得1分）
2. 信息规模	政务微博日均微博数（排名前10%得5分；排名前20%得4分；排名前30%得3分；排名前50%得2分；其余得1分）
3. 活跃度	政务微博原创微博率（排名前10%得5分；排名前20%得4分；排名前30%得3分；排名前50%得2分；其余得1分）
4. 交互性	人均点赞数通过排名给予得分，转发数通过排名给予得分，评论排名给予得分的均值
信息服务能力	
1. 有用实用	选择近10条微博，统计其中转/赞/评均不为0的微博数与非鸡汤类、感叹类的微博数 n，计算公式：$n/4$

续表

2. 来源权威	选择近10条事实类（鸡汤类、常识类除外）微博，统计有信息来源（来源可能出现在文字或图片中，方式有：@某账号，正文标明来源、图片标明来源等）的微博数（原创微博可认为是权威的），计算公式：n/2
3. 时间效度	进入官方微博主页，选择“全部”微博，查看最近一条微博时间，计算与测评时的时间差。计分方法：差额24小时内得分为5，差额24—48小时得分为4，差额48—72小时得分为3，差额72—120小时得分为2，差额120小时以上得分为1
4. 易得可得	进入官方微博主页，任意点击10个超链接，统计可以正确打开并看到完整内容的链接数目n，计算公式：n/2
服务创新能力	
1. 采纳能力	微博内容包括图片、视频、音乐、链接等元素（在高级搜索中进行勾选即可查看），计分方法：有1个得1分，4个得5分
2. 吸收能力	进入主页，搜索“微信”，查看政务微信的推广或功能介绍（不局限于微博高级搜索，有微信推广内容就得分）。计分方法：若没有，得0分；若有对政府官方微信的推广或功能介绍，加3分；有职能部门（如公安、交警、医疗等）微信的推广或功能介绍，加2分

附表2－3　**政务微信测评标准**

信息服务能力	
1. 有用实用	政务微信推送的信息中是否有企业和公众所需的、密切关注的内容，如有，5分；无，0分
2. 权威准确	政务微信推送的信息内容是否都属于按照《政府信息公开条例》产生的第一手资料或其他来源明确的官方资料。选10条推送信息，统计有明确权威来源的推文数目，计算公式：n/2
3. 时间效度	政务微信推送的信息是否都是在信息有效期内第一时间向社会发布的。查看政务微信历史消息，计算最近一条推文的发布日期与测评时的时间差。差额为0（24小时内）得分为5，差额为1天（24—48小时）得分为4，差额为2天（48—72小时）得分为3，差额为3—4天得分为2，差额5天以上得分为1

续表

4. 易得可得	通过政务微信查询相关信息的成功率是否高，测试所有快捷菜单（包括子菜单）是否可以正确打开并有相应内容（如无菜单，则任选10条历史信息查看是否可以正确打开并看到完整内容）。统计无效的菜单或者链接数目，1条0.5分，10条0分。后采用计算公式：（10—n）/2
事务服务能力	
1. 效率与效果	确认使用政务微信是否可以快速找到事务服务入口，是否有清晰的办事流程，是否可以全程网上办理，是否可以获知事务处理进度。（1）通过自动回复提示或通过快捷菜单可以进入服务入口得1分；（2）有清晰的办事流程说明得1分；（3）可以全程网上办理得2分；（4）可以获知事务处理进度得1分。计算总得分，功能合并的按总分计算（尽量测试全部事务服务内容，有1项服务符合以上事项即可得分）
参与服务能力	
1. 参与渠道	（1）有无市长信箱；（2）有无意见征集；（3）有无网上调查；（4）有无互动留言；（5）有无12345热线；（6）有无其他（如有，注明该栏目名称）。满分6分，进行5分制转化
服务提供能力	
1. 便捷易用	（1）有快捷菜单；（2）快捷菜单有二级菜单；（3）有有用的自动回复（有助于指导用户完成相关事项）；（4）有人工回复。以上功能实现1项计1分，实现2项计2分，实现3项计3分，实现3项以上计5分
微信影响力	
1. 受众规模	分别统计政务微信历史消息中第三期推送第一、第二、第三条推文的点赞量与阅读数之和，分别根据排名给出得分X与Y（排名前10%得5分；排名前20%得4分；排名前30%得3分；排名前50%得2分；其余得1分），取平均（可顺延）：（$X+Y$）/2
2. 信息规模	政务微信最近三期的推文总数，根据得分给予排名（排名前10%得5分；排名前20%得4分；排名前30%得3分；排名前50%得2分；其余得1分）

附表 2－4 政务 APP 测评标准

服务提供能力	
1. 渠道面	确认是否有 APP。如无，得 0 分，本项调查结束；有，但只有 Android 或 iOS 版中的一种，得 2 分；有，且 Android 和 iOS 版都有，得 5 分
2. 覆盖面	纯信息服务，得 1 分；除信息服务外，有政府官方网站上部分事务服务、参与服务功能，但不全，得 2—4 分；与政府官方网站功能基本一致，可提供信息服务、事务服务、参与服务等，得 5 分
3. 易得性	确认是否容易下载。官网首页有下载提示（链接、二维码均可）且可正常下载，得 3 分；可在任一个主流电子市场（Android：应用宝、360 手机助手、小米、华为、百度手机助手、91、豌豆荚、安智、历趣、沃商店；iOS：APP store）下载，加 2 分
4. 稳定可靠	判断是否可以正常使用。满分 5 分。无法打开，得 0 分；出现闪退或卡顿 2 次及以上，扣 2 分；无法打开部分栏目、内容，或点击按钮等操作无响应，根据严重情况，扣 1—2 分；屏幕分辨率适配度，如显示严重异常，扣 1 分
5. 易用性	确认是否可以方便地找到并浏览信息。界面符合用户对 APP 的使用习惯，无学习门槛，加 1 分；有搜索功能，加 1 分；有收藏功能，加 1 分；有字体大小自适应调节功能，加 1 分；有 4 项可得满分 5 分
6. 使用反馈	确认有无对 APP 使用意见反馈的功能。有，5 分；无，0 分
7. 社交性	确认是否有分享到社交平台的功能。如有分享本 APP 到社交平台功能，加 2 分；如有分享信息、资讯到社交平台功能，加 3 分
信息服务能力	
1. 有用实用	机构职能介绍完整、清晰。有完整的职能简介、负责人、联系方式、地址信息，得 5 分；缺 1 项扣 2 分；无此项目，0 分
2. 来源权威	政府官方 APP 发布的信息内容都属于第一手资料，或有其他来源明确的官方资料。在政府官方 APP 首页任选 10 条发布的信息，统计信息来源于“官方第一手资料”或者“标明转载出处”的信息数目为 n。计算公式：$n/2$

续表

3. 时间效度	信息都是在信息有效期内第一时间向社会发布的吗？选择政府官方 APP 主页“今日要闻”“热点动态”“要闻动态”等能代表“工作日”当天信息的栏目。计算方法：如果有当天发布的信息得 5 分，2 天的得 4 分，3 天的得 3 分，4 天的得 2 分，5 天及以上的得 1 分
4. 易得可得	政府官方 APP 任选 10 条发布的信息，统计可以正确打开，并看到完整内容的链接数目 n。计算公式：$n/2$
事务服务能力	
1. 效率效果	政府官方 APP“公众办事”（选择“挂号”类似事项）、“法人办事”（选择“增值税专用发票最高开票限额审批”或类似事项），有清晰办事流程说明、能全程网上办理为测评标准。（1）如有办事指南信息，得 2 分 。（2）如有任一项目可以实现全流程在线办理，得 5 分。（3）如无此项服务，得 0 分
参与服务能力	
1. 参与管理	通过“省长信箱”“市长信箱”“政府热线”“12345”等进行咨询，有（1）职责介绍，（2）写信须知（注意事项），（3）注册协议，（4）写信界面，（5）查询或公开等功能。以上功能实现 1 项得 1 分，功能合并的按总分计算。如无此项服务能力，本主题下各指标均得 0 分
2. 参与响应	对上例测评对象分两个周期进行测试，1 个周期为 1 周，24 小时内回复的得 5 分，24—48 小时内回复的得 4 分，48—72 小时内回复的得 3 分，72—96 小时内回复的得 2 分，96—168 小时内回复的得 1 分，超过 168 个小时仍未回复的得 0 分。测试开始时间统一为周一早上 9 点
3. 参与反馈	对上例反馈结果进行分析，给予正面、充分回应的得 5 分，推至其他职能部门或人的得 1 分，未收到回应的得 0 分；基于正面回应的程度判定得 2—4 分

附录3　省市政府电子服务能力样本来源

附表3－1　　省（直辖市、自治区）政务网站数据源

省级	采集数据源（网址）	省级	采集数据源（网址）
北京市	http：//www. beijing. gov. cn	辽宁省	http：//www. ln. gov. cn/
天津市	http：//www. tj. gov. cn/	四川省	http：//www. sc. gov. cn/
上海市	http：//www. shanghai. gov. cn/	云南省	http：//www. yn. gov. cn/
重庆市	http：//www. cq. gov. cn/	青海省	http：//www. qh. gov. cn/
广东省	http：//www. gd. gov. cn/	山东省	http：//www. shandong. gov. cn/
甘肃省	http：//www. gansu. gov. cn/	山西省	http：//www. shanxi. gov. cn/
贵州省	http：//www. gz. gov. cn/	陕西省	http：//www. shanxi. gov. cn/
海南省	http：//www. hainan. gov. cn/	福建省	http：//www. fujian. gov. cn/
河北省	http：//www. hebei. gov. cn/	浙江省	http：//www. zj. gov. cn/
河南省	http：//www. henan. gov. cn/	安徽省	http：//www. ah. gov. cn/
黑龙江省	http：//www. hlj. gov. cn/	内蒙古自治区	http：//www. nmg. gov. cn/
湖北省	http：//www. hubei. gov. cn/	新疆维吾尔自治区	http：//www. xj. gov. cn
湖南省	http：//www. hunan. gov. cn/		http：//www. xinjiang. gov. cn
吉林省	http：//www. jl. gov. cn/	宁夏回族自治区	http：//www. nx. gov. cn/
江苏省	http：//www. jiangsu. gov. cn/	广西壮族自治区	http：//www. gxzf. gov. cn/
江西省	http：//www. jiangxi. gov. cn/	西藏自治区	http：//www. xizang. gov. cn/

附表3－2　　地市政务网站数据源

地级市	采集数据源（网址）	地级市	采集数据源（网址）
河北省石家庄市	http：//www. sjz. gov. cn/	湖北省随州市	http：//www. suizhou. gov. cn/
河北省张家口市	http：//www. zjk. gov. cn/	湖北省荆门市	http：//www. jingmen. gov. cn/
河北省承德市	http：//www. chengde. gov. cn/	湖北省孝感市	http：//www. xiaogan. gov. cn/
河北省唐山市	http：//www. tangshan. gov. cn/	湖北省宜昌市	http：//www. yichang. gov. cn/
河北省秦皇岛市	http：//www. qhd. gov. cn/	湖北省黄冈市	http：//www. hg. gov. cn/
河北省廊坊市	http：//www. lf. gov. cn/	湖北省鄂州市	http：//www. ezhou. gov. cn/
河北省保定市	http：//www. bd. gov. cn/	湖北省荆州市	http：//www. jingzhou. gov. cn/
河北省沧州市	http：//www. cangzhou. gov. cn/	湖北省黄石市	http：//www. huangshi. gov. cn/
河北省衡水市	http：//www. hengshui. gov. cn/	湖北省咸宁市	http：//www. xianning. gov. cn/
河北省邢台市	http：//www. xingtai. gov. cn/	湖北省恩施州	http：//www. enshi. gov. cn/
河北省邯郸市	http：//www. hd. gov. cn/	湖南省长沙市	http：//www. changsha. gov. cn/
山西省太原市	http：//www. taiyuan. gov. cn/	湖南省岳阳市	http：//www. yueyang. gov. cn/
山西省大同市	http：//www. sxdt. gov. cn/	湖南省张家界市	http：//www. zjj. gov. cn/
山西省朔州市	http：//www. shuozhou. gov. cn/	湖南省常德市	http：//www. changde. gov. cn/

续表

地级市	采集数据源（网址）	地级市	采集数据源（网址）
山西省忻州市	http：//www. sxxz. gov. cn/	湖南省益阳市	http：//www. yiyang. gov. cn/
山西省阳泉市	http：//www. yq. gov. cn/	湖南省湘潭市	http：//www. xiangtan. gov. cn/
山西省晋中市	http：//www. sxjz. gov. cn/	湖南省株洲市	http：//www. zhuzhou. gov. cn/
山西省吕梁市	http：//www. lvliang. gov. cn/	湖南省娄底市	http：//www. hnloudi. gov. cn/
山西省长治市	http：//www. changzhi. gov. cn/	湖南省怀化市	http：//www. huaihua. gov. cn/
山西省临汾市	http：//www. linfen. gov. cn/	湖南省邵阳市	http：//www. shaoyang. gov. cn/
山西省晋城市	http：//www. jconline. cn/	湖南省衡阳市	http：//www. hengyang. gov. cn/
山西省运城市	http：//www. yuncheng. gov. cn/	湖南省永州市	http：//www. yzcity. gov. cn/
内蒙古自治区呼和浩特市	http：//www. huhhot. gov. cn/	湖南省郴州市	http：//www. czs. gov. cn/
内蒙古自治区呼伦贝尔市	http：//www. hlbe. gov. cn/	湖南省湘西州	http：//www. xxz. gov. cn/
内蒙古自治区通辽市	http：//www. tongliao. gov. cn/	广东省广州市	http：//www. gz. gov. cn/
内蒙古自治区赤峰市	http：//www. chifeng. gov. cn/	广东省韶关市	http：//www. sg. gov. cn/
内蒙古自治区巴彦淖尔市	http：//www. bynr. gov. cn/	广东省梅州市	http：//www. meizhou. gov. cn/
内蒙古自治区乌兰察布市	http：//www. wulanchabu. gov. cn/	广东省河源市	http：//www. heyuan. gov. cn/wəb/

续表

地级市	采集数据源（网址）	地级市	采集数据源（网址）
内蒙古自治区包头市	http：//www. baotou. gov. cn/	广东省清远市	http：//www. gdqy. gov. cn/
内蒙古自治区鄂尔多斯市	http：//www. ordos. gov. cn/	广东省潮州市	http：//wscz. chaozhou. gov. cn/
内蒙古自治区乌海市	http：//www. wuhai. gov. cn/	广东省揭阳市	http：//www. jieyang. gd. cn/
内蒙古自治区兴安盟	http：//www. xam. gov. cn/	广东省汕头市	http：//www. shantou. gov. cn/
内蒙古自治区锡林郭勒盟	http：//www. xlgl. gov. cn/	广东省肇庆市	http：//www. zhaoqing. gov. cn/
内蒙古自治区阿拉善盟	http：//new. als. gov. cn/	广东省惠州市	http：//www. huizhou. gov. cn/
黑龙江省哈尔滨市	http：//www. harbin. gov. cn/	广东省佛山市	http：//www. foshan. gov. cn/
黑龙江省黑河市	http：//www. heihe. gov. cn/	广东省东莞市	http：//www. dg. gov. cn/
黑龙江省伊春市	http：//www. yc. gov. cn/	广东省云浮市	http：//www. yunfu. gov. cn/
黑龙江省齐齐哈尔市	http：//www. qqhr. gov. cn/	广东省汕尾市	http：//www. shanwei. gov. cn/
黑龙江省鹤岗市	http：//www. hegang. gov. cn/	广东省江门市	http：//www. jiangmen. gov. cn/
黑龙江省佳木斯市	http：//www. jms. gov. cn/	广东省中山市	http：//www. zs. gov. cn
黑龙江省双鸭山市	http：//www. shuangyashan. gov. cn/	广东省深圳市	http：//www. sz. gov. cn/cn/
黑龙江省绥化市	http：//www. suihua. gov. cn/	广东省珠海市	http：//www. zhuhai. gov. cn/

续表

地级市	采集数据源（网址）	地级市	采集数据源（网址）
黑龙江省大庆市	http：//www. daqing. gov. cn/	广东省阳江市	http：//www. yangjiang. gov. cn/
黑龙江省七台河市	http：//www. qth. gov. cn/	广东省茂名市	http：//www. maoming. gov. cn/
黑龙江省鸡西市	http：//www. jixi. gov. cn/	广东省湛江市	http：//www. zhanjiang. gov. cn/
黑龙江省牡丹江市	http：//www. mdj. gov. cn/	广西壮族自治区南宁市	http：//www. nanning. gov. cn/
黑龙江省大兴安岭地区	http：//www. dxal. gov. cn/	广西壮族自治区桂林市	http：//www. guilin. gov. cn/
辽宁省沈阳市	http：//www. shenyang. gov. cn/	广西壮族自治区河池市	http：//www. gxhc. gov. cn/
辽宁省铁岭市	http：//www. tieling. gov. cn/	广西壮族自治区贺州市	http：//www. gxhz. gov. cn/
辽宁省阜新市	http：//www. fuxin. gov. cn/	广西壮族自治区柳州市	http：//www. liuzhou. gov. cn/
辽宁省抚顺市	http：//www. fushun. gov. cn/	广西壮族自治区百色市	http：//www. baise. gov. cn/
辽宁省朝阳市	http：//www. zgcy. gov. cn/	广西壮族自治区来宾市	http：//www. laibin. gov. cn/
辽宁省本溪市	http：//www. benxi. gov. cn/	广西壮族自治区梧州市	http：//www. wuzhou. gov. cn/
辽宁省辽阳市	http：//www. liaoyang. gov. cn/	广西壮族自治区贵港市	http：//www. gxgg. gov. cn/
辽宁省鞍山市	http：//www. anshan. gov. cn/	广西壮族自治区玉林市	http：//www. yulin. gov. cn/

续表

地级市	采集数据源（网址）	地级市	采集数据源（网址）
辽宁省盘锦市	http：//www. panjin. gov. cn	广西壮族自治区崇左市	http：//www. chongzuo. gov. cn/
辽宁省锦州市	http：//www. jz. gov. cn/	广西壮族自治区钦州市	http：//www. qinzhou. gov. cn/
辽宁省葫芦岛市	http：//www. hld. gov. cn/	广西壮族自治区防城港市	http：//www. fcgs. gov. cn/
辽宁省营口市	http：//www. yingkou. gov. cn/	广西壮族自治区北海市	http：//www. beihai. gov. cn/
辽宁省丹东市	http：//www. dandong. gov. cn/	海南省海口市	http：//www. haikou. gov. cn/
辽宁省大连市	http：//www. dl. gov. cn/gov/	海南省三亚市	http：//www. sanya. gov. cn/
吉林省长春市	http：//www. ccszf. gov. cn/	海南省儋州市	http：//www. danzhou. gov. cn/
吉林省白城市	http：//www. bc. jl. gov. cn/	海南省三沙市	http：//www. sansha. gov. cn/
吉林省松原市	http：//www. jlsy. gov. cn/	四川省成都市	http：//www. chengdu. gov. cn/
吉林省吉林市	http：//www. jlcity. gov. cn/	四川省广元市	http：//www. cngy. gov. cn/
吉林省四平市	http：//www. siping. gov. cn/	四川省巴中市	http：//www. cnbz. gov. cn/
吉林省辽源市	http：//www. liaoyuan. gov. cn/	四川省绵阳市	http：//www. my. gov. cn/
吉林省白山市	http：//www. cbs. gov. cn/	四川省德阳市	http：//www. deyang. gov. cn/
吉林省通化市	http：//www. tonghua. gov. cn/	四川省达州市	http：//www. dazhou. gov. cn/
吉林省延边州	http：//www. yanbian. gov. cn/	四川省南充市	http：//www. nanchong. gov. cn/

续表

地级市	采集数据源（网址）	地级市	采集数据源（网址）
江苏省南京市	http：//www. nanjing. gov. cn/	四川省遂宁市	http：//www. suining. gov. cn/
江苏省连云港市	http：//www. lyg. gov. cn/	四川省广安市	http：//www. guang - an. gov. cn/
江苏省徐州市	http：//www. xz. gov. cn/	四川省资阳市	http：//www. ziyang. gov. cn/
江苏省宿迁市	http：//www. suqian. gov. cn/	四川省眉山市	http：//www. ms. gov. cn/
江苏省淮安市	http：//www. huaian. gov. cn/	四川省雅安市	http：//www. yaan. gov. cn/
江苏省盐城市	http：//www. yancheng. gov. cn/	四川省内江市	http：//www. neijiang. gov. cn/
江苏省泰州市	http：//www. taizhou. gov. cn/	四川省乐山市	http：//www. leshan. gov. cn/
江苏省扬州市	http：//www. yangzhou. gov. cn/	四川省自贡市	http：//www. zg. gov. cn/
江苏省镇江市	http：//www. zhenjiang. gov. cn/	四川省泸州市	http：//www. luzhou. gov. cn/
江苏省南通市	http：//www. nantong. gov. cn/	四川省宜宾市	http：//www. yb. gov. cn/
江苏省常州市	http：//www. changzhou. gov. cn/	四川省攀枝花市	http：//panzhihua. gov. cn/
江苏省无锡市	http：//www. wuxi. gov. cn/	四川省阿坝藏族自治州	http：//www. abazhou. gov. cn/
江苏省苏州市	http：//www. suzhou. gov. cn/	四川省甘孜自治州	http：//www. gzz. gov cn/
浙江省杭州市	http：//www. hangzhou. gov. cn/	四川省凉山自治州	http：//www. lsz. gov. cn/

续表

地级市	采集数据源（网址）	地级市	采集数据源（网址）
浙江省湖州市	http：//www. huz. zj. gov. cn/	贵州省贵阳市	http：//www. gygov. gov. cn/
浙江省嘉兴市	http：//www. jiaxing. gov. cn/	贵州省遵义市	http：//www. zunyi. gov. cn/
浙江省绍兴市	http：//www. sx. gov. cn/	贵州省六盘水市	http：//www. gzlps. gov. cn/
浙江省舟山市	http：//www. zhoushan. gov. cn/	贵州省安顺市	http：//www. anshun. gov. cn/
浙江省宁波市	http：//www. ningbo. gov. cn/	贵州省铜仁市	http：//www. trs. gov. cn/
浙江省金华市	http：//www. jinhua. gov. cn/	贵州省毕节市	http：//www. bijie. gov. cn/
浙江省衢州市	http：//www. qz. gov. cn/	贵州省黔西南州	http：//www. qxn. gov. cn/
浙江省台州市	http：//www. tz. zj. gov. cn/	贵州省黔东南州	http：//www. qdn. gov. cn/
浙江省丽水市	http：//www. ls. zj. gov. cn/	贵州省黔南布州	http：//www. qiannan. gov. cn/
浙江省温州市	http：//www. wz. zj. gov. cn/	云南省昆明市	http：//www. km. gov. cn/
安徽省合肥市	http：//www. hefei. gov. cn/	云南省昭通市	http：//www. zt. gov. cn/
安徽省淮北市	http：//www. huaibei. gov. cn/	云南省丽江市	http：//www. lijiang. gov. cn/
安徽省亳州市	http：//www. bozhou. gov. cn/	云南省曲靖市	http：//www. qj. gov. cn/
安徽省宿州市	http：//www. ahsz. gov. cn/	云南省保山市	http：//www. baoshan. gov. cn/

续表

地级市	采集数据源（网址）	地级市	采集数据源（网址）
安徽省蚌埠市	http：//www. bengbu. gov. cn/	云南省玉溪市	http：//www. yuxi. gov. cn/
安徽省阜阳市	http：//www. fy. gov. cn/	云南省临沧市	http：//www. lincang. gov. cn/
安徽省淮南市	http：//www. huainan. gov. cn/	云南省普洱市	http：//www. puershi. gov. cn/
安徽省滁州市	http：//www. chuzhou. gov. cn/	云南省楚雄州	http：//www. cxz. gov. cn/
安徽省六安市	http：//www. luan. gov. cn/	云南省红河州	http：//www. hh. gov. cn/
安徽省马鞍山市	http：//www. mas. gov. cn/	云南省文山州	http：//www. ynws. gov. cn/
安徽省芜湖市	http：//www. wuhu. gov. cn/	云南省西双版纳州	http：//www. xsbn. gov. cn/
安徽省宣城市	http：//www. xuancheng. gov. cn/	云南省大理州	http：//www. dali. gov. cn
安徽省铜陵市	http：//www. tl. gov. cn/	云南省德宏州	http：//www. dh. gov. cn
安徽省池州市	http：//www. chizhou. gov. cn/	云南省怒江州	http：//www. nj. yn. gov. cn
安徽省安庆市	http：//www. anqing. gov. cn/	云南省迪庆州	http：//www. diqing. gov. cn/
安徽省黄山市	http：//www. huangshan. gov. cn/	西藏自治区拉萨市	http：//www. lasa. gov. cn/
福建省福州市	http：//www. fuzhou. gov. cn/	西藏自治区昌都市	http：//www. changdu. gov. cn/
福建省宁德市	http：//www. ningde. gov. cn/	西藏自治区日喀则市	http：//www. rkzw. cn/

续表

地级市	采集数据源（网址）	地级市	采集数据源（网址）
福建省南平市	http：//www. np. gov. cn/	西藏自治区林芝市	http：//www. linzhi. gov. cn/
福建省三明市	http：//www. sm. gov. cn/	西藏自治区山南市	http：//www. xzsnw. com/
福建省莆田市	http：//www. putian. gov. cn/	西藏自治区那曲地区	http：//www. xznq. gov. cn
福建省龙岩市	http：//www. longyan. gov. cn/	西藏自治区阿里地区	http：//www. xzali. gov. cn/
福建省泉州市	http：//www. fjqz. gov. cn/	陕西省西安市	http：//www. xa. gov. cn/
福建省漳州市	http：//www. zhangzhou. gov. cn/	陕西省榆林市	http：//www. yl. gov. cn/
福建省厦门市	http：//www. xm. gov. cn/	陕西省延安市	http：//www. yanan. gov. cn/
江西省南昌市	http：//www. nc. gov. cn/	陕西省铜川市	http：//www. tongchuan. gov. cn/
江西省九江市	http：//www. jiujiang. gov. cn/	陕西省渭南市	http：//www. weinan. gov. cn/
江西省景德镇市	http：//www. jdz. gov. cn/	陕西省宝鸡市	http：//www. baoji. gov. cn/
江西省上饶市	http：//www. zgsr. gov. cn/	陕西省咸阳市	http：//www. xianyang. gov. cn/
江西省鹰潭市	http：//www. yingtan. gov. cn/	陕西省商洛市	http：//www. shangluo. gov. cn/
江西省抚州市	http：//www. jxfz. gov. cn/	陕西省汉中市	http：//www. hanzhong. gov. cn/
江西省新余市	http：//www. xinyu. gov. cn/	陕西省安康市	http：//www. ak. gov. cn/

续表

地级市	采集数据源（网址）	地级市	采集数据源（网址）
江西省宜春市	http：//www. yichun. gov. cn/	甘肃省兰州市	http：//www. lanzhou. gov. cn/
江西省萍乡市	http：//www. pingxiang. gov. cn/	甘肃省嘉峪关市	http：//www. jyg. gansu. gov. cn
江西省吉安市	http：//www. jian. gov. cn/	甘肃省酒泉市	http：//www. jiuquan. gov. cn/
江西省赣州市	http：//www. ganzhou. gov. cn/	甘肃省张掖市	http：//www. zhangye. gov. cn
山东省济南市	http：//www. jinan. gov. cn/	甘肃省金昌市	http：//www. jc. gansu. gov. cn/
山东省德州市	http：//www. dezhou. gov. cn/	甘肃省武威市	http：//www. ww. gansu. gov. cn/
山东省滨州市	http：//www. binzhou. gov. cn/	甘肃省白银市	http：//www. baiyin. cn/
山东省东营市	http：//www. dongying. gov. cn/	甘肃省庆阳市	http：//www. zgqingyang. gov. cn/
山东省烟台市	http：//www. yantai. gov. cn/	甘肃省平凉市	http：//www. pingliang. gov. cn/
山东省威海市	http：//www. weihai. gov. cn/	甘肃省定西市	http：//www. dingxi. gov. cn/
山东省淄博市	http：//www. zibo. gov. cn/	甘肃省天水市	http：//www. tianshui. gov. cn/
山东省潍坊市	http：//www. weifang. gov. cn/	甘肃省陇南市	http：//www. longnan. gov. cn/
山东省聊城市	http：//www. liaocheng. gov. cn/	甘肃省临夏州	http：//www. linxia. gov. cn/
山东省泰安市	http：//www. taian. gov. cn/	甘肃省甘南州	http：//www. gn. gansu. gov. cn/

续表

地级市	采集数据源（网址）	地级市	采集数据源（网址）
山东省莱芜市	http：//www. laiwu. gov. cn/	青海省西宁市	http：//www. xining. gov. cn/
山东省青岛市	http：//www. qingdao. gov. cn/	青海省海东市	http：//www. haidong. gov. cn/
山东省日照市	http：//www. rizhao. gov. cn/	青海省海北州	http：//www. qhhb. gov. cn/
山东省济宁市	http：//www. jining. gov. cn/	青海省黄南州	http：//www. huangnan. gov. cn/
山东省菏泽市	http：//www. heze. gov. cn/	青海省海南州	http：//www. qhhn. gov. cn/
山东省临沂市	http：//www. linyi. gov. cn/	青海省果洛州	http：//www. guoluo. gov. cn/
山东省枣庄市	http：//www. zaozhuang. gov. cn/	青海省玉树州	http：//www. qhys. gov. cn/
河南省郑州市	http：//www. zhengzhou. gov. cn/	青海省海西州	http：//www. haixi. gov. cn/
河南省安阳市	http：//www. anyang. gov. cn/	宁夏回族自治区银川市	http：//www. yinchuan. gov. cn/
河南省鹤壁市	http：//www. hebi. gov. cn/	宁夏回族自治区石嘴山市	http：//www. nxszs. gov. cn/
河南省濮阳市	http：//www. puyang. gov. cn/	宁夏回族自治区吴忠市	http：//www. wuzhong. gov. cn/
河南省新乡市	http：//www. xinxiang. gov. cn/	宁夏回族自治区中卫市	http：//www. nxzw. gov. cn/
河南省焦作市	http：//www. jiaozuo. gov. cn/	宁夏回族自治区固原市	http：//www. nxgy. gov. cn/
河南省三门峡市	http：//www. smx. gov. cn/	新疆维吾尔自治区乌鲁木齐市	http：//www. urumqi. gov. cn/

续表

地级市	采集数据源（网址）	地级市	采集数据源（网址）
河南省开封市	http：//www. kaifeng. gov. cn/	新疆维吾尔自治区克拉玛依市	http：//www. klmyq. gov. cn/
河南省洛阳市	http：//www. ly. gov. cn/	新疆维吾尔自治区吐鲁番市	http：//www. tlf. gov. cn/
河南省商丘市	http：//www. shangqiu. gov. cn/	新疆维吾尔自治区哈密市	http：//www. hami. gov. cn/
河南省许昌市	http：//www. xuchang. gov. cn/	新疆维吾尔自治区昌吉州	http：//www. cj. gov. cn/
河南省平顶山市	http：//www. pds. gov. cn/	新疆维吾尔自治区博尔塔拉州	http：//www. xjboz. gov. cn/
河南省周口市	http：//www. zhoukou. gov. cn/	新疆维吾尔自治区巴音郭楞州	http：//www. xjbz. gov. cn/
河南省漯河市	http：//www. luohe. gov. cn/	新疆维吾尔自治区阿克苏地区	http：//www. aksu. gov. cn/
河南省南阳市	http：//www. nanyang. gov. cn/	新疆维吾尔自治区克孜勒苏州	http：//www. xjkz. gov. cn/
河南省驻马店市	http：//www. zhumadian. gov. cn/	新疆维吾尔自治区喀什地区	http：//www. xjks. gov. cn/
河南省信阳市	http：//www. xinyang. gov. cn/	新疆维吾尔自治区和田地区	http：//www. hts. gov. cn/
湖北省武汉市	http：//www. wuhan. gov. cn/	新疆维吾尔自治区伊犁州	http：//www. xjyl. gov. cn/
湖北省十堰市	http：//www. shiyan. gov. cn/	新疆维吾尔自治区塔城地区	http：//www. xjtc. gov. cn/
湖北省襄樊市	http：//www. xf. gov. cn/	新疆维吾尔自治区阿勒泰地区	http：//www. xjalt. gov. cn/

附表 3-3　　省（直辖市）政务微博数据源

省级	采集数据源（名称）	省级	采集数据源（名称）
北京市	北京发布	辽宁省	辽宁发布
天津市	天津发布	四川省	四川发布
上海市	上海发布	云南省	微博云南
重庆市	重庆微发布	青海省	青海政务
广东省	广东省人民政府门户网站	山东省	山东发布
甘肃省	甘肃发布	山西省	无
贵州省	黔办之声	陕西省	陕西发布
海南省	海南省人民政府网站	福建省	清新福建
河北省	河北发布	浙江省	浙江发布
河南省	河南政府网	安徽省	安徽省人民政府发布
黑龙江省	黑龙江发布	内蒙古自治区	活力内蒙古
湖北省	湖北省政府门户网站	新疆维吾尔自治区	新疆发布
湖南省	湖南省政府门户网站	宁夏回族自治区	宁夏政务发布
吉林省	吉林发布	广西壮族自治区	广西政府公报
江苏省	微博江苏	西藏自治区	西藏发布
江西省	江西发布		

附表 3-4　　地级市政务微博数据源

地级市	采集数据源（名称）	地级市	采集数据源（名称）
河北省石家庄市	石家庄发布	湖北省随州市	随州市政府门户网站
河北省张家口市	张家口在线官方微博	湖北省荆门市	荆门市政府新闻办
河北省承德市	承德发布	湖北省孝感市	孝感发布
河北省唐山市	唐山发布	湖北省宜昌市	宜昌发布

续表

地级市	采集数据源（名称）	地级市	采集数据源（名称）
河北省秦皇岛市	秦皇岛政务服务中心	湖北省黄冈市	黄冈发布
河北省廊坊市	廊坊发布	湖北省鄂州市	湖北鄂州微博
河北省保定市	微博保定	湖北省荆州市	荆州发布
河北省沧州市	微博沧州	湖北省黄石市	黄石发布
河北省衡水市	衡水政务	湖北省咸宁市	咸宁发布
河北省邢台市	邢台政务大厅	湖北省恩施土家族苗族自治州	恩施发布
河北省邯郸市	聚焦邯郸	湖南省长沙市	中国—长沙
山西省太原市	太原发布	湖南省岳阳市	岳阳市政府门户网站
山西省大同市	大同市 12345 政府服务热线	湖南省张家界市	无
山西省朔州市	朔州市政府网	湖南省常德市	常德市人民政府
山西省忻州市	忻州发布	湖南省益阳市	中国益阳门户网
山西省阳泉市	无	湖南省湘潭市	湘潭发布
山西省晋中市	晋中发布	湖南省株洲市	株洲政府门户网站
山西省吕梁市	吕梁发布	湖南省娄底市	无
山西省长治市	中国长治政府网站官方微博	湖南省怀化市	无
山西省临汾市	无	湖南省邵阳市	无
山西省晋城市	晋城发布	湖南省衡阳市	衡阳发布
山西省运城市	运城发布	湖南省永州市	永州发布
内蒙古自治区呼和浩特市	呼和浩特发布	湖南省郴州市	郴州市政府门户网站
内蒙古自治区呼伦贝尔市	呼伦贝尔政府门户网站	湖南省湘西土家族苗族自治州	湘西州政府门户网站
内蒙古自治区通辽市	通辽市委外宣办	广东省广州市	中国广州发布
内蒙古自治区赤峰市	赤峰之窗	广东省韶关市	韶关发布

续表

地级市	采集数据源（名称）	地级市	采集数据源（名称）
内蒙古自治区巴彦淖尔市	巴彦淖尔发布	广东省梅州市	梅州发布
内蒙古自治区乌兰察布市	活力乌兰察布	广东省河源市	河源发布
内蒙古自治区包头市	包头发布	广东省清远市	清远发布
内蒙古自治区鄂尔多斯市	鄂尔多斯发布	广东省潮州市	潮州发布
内蒙古自治区乌海市	乌海政务	广东省揭阳市	揭阳发布
内蒙古自治区兴安盟	魅力兴安盟	广东省汕头市	汕头市政府应急办
内蒙古自治区锡林郭勒盟	吉祥草原锡林郭勒	广东省肇庆市	美丽肇庆
内蒙古自治区阿拉善盟	阿拉善发布	广东省惠州市	惠州发布
黑龙江省哈尔滨市	哈尔滨市政府网	广东省佛山市	佛山发布
黑龙江省黑河市	幸福黑河	广东省东莞市	莞香花开
黑龙江省伊春市	伊春发布	广东省云浮市	无
黑龙江省齐齐哈尔市	鹤城政务	广东省汕尾市	汕尾发布
黑龙江省鹤岗市	鹤岗网讯	广东省江门市	中国侨都—江门发布
黑龙江省佳木斯市	佳木斯发布	广东省中山市	中山发布
黑龙江省双鸭山市	双鸭山发布政务微博	广东省深圳市	深圳微博发布厅
黑龙江省绥化市	无	广东省珠海市	珠海发布

续表

地级市	采集数据源（名称）	地级市	采集数据源（名称）
黑龙江省大庆市	中国大庆发布	广东省阳江市	广东阳江发布
黑龙江省七台河市	七台河发布	广东省茂名市	茂名发布
黑龙江省鸡西市	鸡西发布	广东省湛江市	湛江发布
黑龙江省牡丹江市	无	广西壮族自治区南宁市	南宁发布
黑龙江省大兴安岭地区	无	广西壮族自治区桂林市	无
辽宁省沈阳市	沈阳政务	广西壮族自治区河池市	河池发布
辽宁省铁岭市	无	广西壮族自治区贺州市	无
辽宁省阜新市	无	广西壮族自治区柳州市	我爱柳州
辽宁省抚顺市	抚顺发布	广西壮族自治区百色市	无
辽宁省朝阳市	无	广西壮族自治区来宾市	来宾发布
辽宁省本溪市	本溪发布厅	广西壮族自治区梧州市	绿城水都
辽宁省辽阳市	无	广西壮族自治区贵港市	贵港宣传
辽宁省鞍山市	无	广西壮族自治区玉林市	玉林发布
辽宁省盘锦市	无	广西壮族自治区崇左市	无
辽宁省锦州市	共青团锦州市委	广西壮族自治区钦州市	无

续表

地级市	采集数据源（名称）	地级市	采集数据源（名称）
辽宁省葫芦岛市	无	广西壮族自治区防城港市	防城港发布
辽宁省营口市	无	广西壮族自治区北海市	北海发布
辽宁省丹东市	丹东发布	海南省海口市	海口发布
辽宁省大连市	无	海南省三亚市	三亚政务
吉林省长春市	长春发布	海南省儋州市	儋州政务微博
吉林省白城市	白城发布	海南省三沙市	无
吉林省松原市	松原发布	四川省成都市	成都市政府门户网站
吉林省吉林市	吉林发布	四川省广元市	微广元（腾讯）
吉林省四平市	四平发布	四川省巴中市	巴中发布
吉林省辽源市	辽源发布	四川省绵阳市	今日绵阳（党委）
吉林省白山市	白山发布	四川省德阳市	微博德阳
吉林省通化市	通化发布	四川省达州市	达州发布
吉林省延边州	延边发布	四川省南充市	南充播报
江苏省南京市	南京政务服务	四川省遂宁市	遂宁发布
江苏省连云港市	连云港发布	四川省广安市	广安播报
江苏省徐州市	徐州发布	四川省资阳市	资阳之声
江苏省宿迁市	宿迁之声	四川省眉山市	眉山发布
江苏省淮安市	淮安政务	四川省雅安市	生态雅安
江苏省盐城市	盐城发布	四川省内江市	微内江
江苏省泰州市	泰州发布	四川省乐山市	乐山发布
江苏省扬州市	扬州发布	四川省自贡市	自贡市政务服务中心
江苏省镇江市	无	四川省泸州市	中国酒城—醉美泸州
江苏省南通市	南通发布	四川省宜宾市	宜宾发布
江苏省常州市	微常州	四川省攀枝花市	微攀枝花
江苏省无锡市	无锡发布	四川省阿坝藏族羌族自治州	中国阿坝州发布

续表

地级市	采集数据源（名称）	地级市	采集数据源（名称）
江苏省苏州市	苏州发布	四川省甘孜藏族自治州	微甘孜
浙江省杭州市	杭州发布	四川省凉山彝族自治州	微凉山
浙江省湖州市	湖州发布	贵州省贵阳市	筑之声
浙江省嘉兴市	嘉兴发布	贵州省遵义市	无
浙江省绍兴市	绍兴发布	贵州省六盘水市	六盘水政务微博
浙江省舟山市	舟山发布	贵州省安顺市	中国安顺政务微博
浙江省宁波市	宁波发布	贵州省铜仁市	铜仁发布
浙江省金华市	金华市政府网	贵州省毕节市	无
浙江省衢州市	衢州发布	贵州省黔西南布依族苗族自治州	黔西南政务
浙江省台州市	台州发布	贵州省黔东南苗族侗族自治州	黔东南政务微博
浙江省丽水市	丽水发布	贵州省黔南布依族苗族自治州	中国黔南
浙江省温州市	温州发布	云南省昆明市	昆明发布
安徽省合肥市	合肥发布	云南省昭通市	微昭通
安徽省淮北市	淮北发布	云南省丽江市	丽江新闻办
安徽省亳州市	亳州发布	云南省曲靖市	微博曲靖
安徽省宿州市	宿州发布	云南省保山市	无
安徽省蚌埠市	蚌埠市人民政府发布	云南省玉溪市	无
安徽省阜阳市	阜阳政府网	云南省临沧市	无
安徽省淮南市	淮南市人民政府发布	云南省普洱市	普洱发布
安徽省滁州市	无	云南省楚雄彝族自治州	楚雄发布
安徽省六安市	六安市人民政府发布	云南省红河哈尼族彝族自治州	红河州官微

续表

地级市	采集数据源（名称）	地级市	采集数据源（名称）
安徽省马鞍山市	马鞍山政府网	云南省文山壮族苗族自治州	无
安徽省芜湖市	芜湖政府网	云南省西双版纳傣族自治州	西双版纳发布
安徽省宣城市	宣城发布	云南省大理白族自治州	大理发布
安徽省铜陵市	铜陵发布	云南省德宏傣族景颇族自治州	无
安徽省池州市	池州发布	云南省怒江傈僳族自治州	无
安徽省安庆市	安庆发布	云南省迪庆藏族自治州	无
安徽省黄山市	黄山发布	西藏自治区拉萨市	拉萨发布
福建省福州市	福州发布	西藏自治区昌都市	无
福建省宁德市	清新宁德	西藏自治区日喀则市	日喀则发布
福建省南平市	南平市政府门户网站	西藏自治区林芝市	无
福建省三明市	三明市政府网编辑部	西藏自治区山南市	山南发布
福建省莆田市	莆田网新闻	西藏自治区那曲地区	无
福建省龙岩市	生态龙岩	西藏自治区阿里地区	无
福建省泉州市	泉州市政	陕西省西安市	西安发布
福建省漳州市	漳州外宣办	陕西省榆林市	榆林发布

续表

地级市	采集数据源（名称）	地级市	采集数据源（名称）
福建省厦门市	厦门发布	陕西省延安市	延安政府门户网站
江西省南昌市	南昌发布	陕西省铜川市	铜川发布
江西省九江市	九江发布	陕西省渭南市	渭南发布
江西省景德镇市	景德镇发布	陕西省宝鸡市	宝鸡发布
江西省上饶市	上饶发布	陕西省咸阳市	智慧咸阳
江西省鹰潭市	鹰潭发布	陕西省商洛市	商洛发布
江西省抚州市	抚州发布	陕西省汉中市	汉中发布
江西省新余市	新余发布	陕西省安康市	安康发布
江西省宜春市	宜春发布	甘肃省兰州市	兰州发布
江西省萍乡市	萍乡发布	甘肃省嘉峪关市	嘉峪关政府网
江西省吉安市	吉安发布	甘肃省酒泉市	酒泉发布
江西省赣州市	赣州发布	甘肃省张掖市	张掖发布
山东省济南市	微博济南	甘肃省金昌市	金昌发布
山东省德州市	德州发布	甘肃省武威市	无
山东省滨州市	滨州发布	甘肃省白银市	白银发布（市委）
山东省东营市	东营发布	甘肃省庆阳市	无
山东省烟台市	烟台发布	甘肃省平凉市	平凉发布
山东省威海市	威海发布	甘肃省定西市	定西党政微博
山东省淄博市	淄博发布	甘肃省天水市	天水发布
山东省潍坊市	潍坊发布	甘肃省陇南市	陇南政务
山东省聊城市	聊城发布	甘肃省临夏回族自治州	临夏发布
山东省泰安市	泰安发布	甘肃省甘南藏族自治州	无
山东省莱芜市	莱芜发布	青海省西宁市	西宁政务
山东省青岛市	青岛发布	青海省海东市	海东市政府网
山东省日照市	日照发布	青海省海北藏族自治州	无

续表

地级市	采集数据源（名称）	地级市	采集数据源（名称）
山东省济宁市	济宁发布	青海省黄南藏族自治州	黄南政务
山东省菏泽市	菏泽发布	青海省海南藏族自治州	无
山东省临沂市	临沂发布	青海省果洛藏族自治州	无
山东省枣庄市	枣庄发布	青海省玉树藏族自治州	新—玉—树
河南省郑州市	郑州市门户网站	青海省海西蒙古族藏族自治州	中国柴达木
河南省安阳市	安阳政府网	宁夏回族自治区银川市	微博银川
河南省鹤壁市	无	宁夏回族自治区石嘴山市	石嘴山发布
河南省濮阳市	濮阳发布	宁夏回族自治区吴忠市	无
河南省新乡市	新乡发布	宁夏回族自治区中卫市	无
河南省焦作市	焦作政府网	宁夏回族自治区固原市	固原发布
河南省三门峡市	三门峡发布	新疆维吾尔自治区乌鲁木齐市	乌鲁木齐政务
河南省开封市	无	新疆维吾尔自治区克拉玛依市	克拉玛依发布
河南省洛阳市	微博洛阳	新疆维吾尔自治区吐鲁番市	吐鲁番地区政府网
河南省商丘市	微博商丘	新疆维吾尔自治区哈密市	哈密发布

续表

地级市	采集数据源（名称）	地级市	采集数据源（名称）
河南省许昌市	精彩许昌	新疆维吾尔自治区昌吉州	昌吉发布
河南省平顶山市	无	新疆维吾尔自治区博尔塔拉蒙古自治州	博州发布
河南省周口市	无	新疆维吾尔自治区巴音郭楞州	巴州发布
河南省漯河市	无	新疆维吾尔自治区阿克苏地区	阿克苏发布
河南省南阳市	南阳市门户网站	新疆维吾尔自治区克孜勒苏州	克州政府网
河南省驻马店市	无	新疆维吾尔自治区喀什地区	喀什发布
河南省信阳市	无	新疆维吾尔自治区和田地区	和田发布
湖北省武汉市	武汉发布	新疆维吾尔自治区伊犁州	伊犁政府网
湖北省十堰市	十堰政府网	新疆维吾尔自治区塔城地区	塔城地区政务微博
湖北省襄樊市	中国襄阳政府网	新疆维吾尔自治区阿勒泰地区	阿勒泰地区政府网

附表 3－5　**省（直辖市、自治区）政务微信数据源**

省级	采集数据源（公众号）	省级	采集数据源（公众号）
北京市	首都之窗	辽宁省	辽宁发布
天津市	天津发布	四川省	四川发布
上海市	中国上海	云南省	云南省人民政府网
重庆市	重庆微发布	青海省	青海政务
广东省	广东省人民政府门户网站	山东省	山东发布

续表

省级	采集数据源（公众号）	省级	采集数据源（公众号）
甘肃省	甘肃政务	山西省	山西省政府
贵州省	贵州省人民政府网	陕西省	陕西发布
海南省	海南省政府网	福建省	中国福建
河北省	河北发布	浙江省	浙江政务服务
河南省	河南发布	安徽省	安徽省人民政府发布
黑龙江省	黑龙江政务	内蒙古自治区	内蒙古自治区人民政府发布
湖北省	湖北发布	新疆维吾尔自治区	新疆政府网
湖南省	湖南省政府门户网	宁夏回族自治区	宁夏发布
吉林省	吉林发布	广西壮族自治区	广西政府公报
江苏省	微讯江苏	西藏自治区	西藏发布
江西省	江西发布		

附表 3－6　**地级市政务微信数据源**

地级市	采集数据源（公众号）	地级市	采集数据源（公众号）
河北省石家庄市	石家庄发布	湖北省随州市	中国随州
河北省张家口市	张家口发布	湖北省荆门市	荆门政府网
河北省承德市	承德发布	湖北省孝感市	微孝天下
河北省唐山市	中国唐山	湖北省宜昌市	宜昌发布
河北省秦皇岛市	秦皇岛发布	湖北省黄冈市	黄冈发布
河北省廊坊市	廊坊发布	湖北省鄂州市	鄂州发布
河北省保定市	保定微讯	湖北省荆州市	荆州发布
河北省沧州市	沧州发布	湖北省黄石市	黄石发布
河北省衡水市	衡水微讯	湖北省咸宁市	咸宁发布

续表

地级市	采集数据源（公众号）	地级市	采集数据源（公众号）
河北省邢台市	邢台发布	湖北省恩施土家族苗族自治州	恩施政务服务
河北省邯郸市	邯郸发布	湖南省长沙市	中国长沙
山西省太原市	太原政务	湖南省岳阳市	岳阳市政府网
山西省大同市	大同 12345	湖南省张家界市	张家界市政府门户网
山西省朔州市	朔州市政府网	湖南省常德市	常德市人民政府
山西省忻州市	忻州你好	湖南省益阳市	中国益阳门户网
山西省阳泉市	阳泉政府网	湖南省湘潭市	湘潭微政务
山西省晋中市	晋中发布	湖南省株洲市	株洲市政府门户网站
山西省吕梁市	吕梁发布	湖南省娄底市	娄底市政府门户网
山西省长治市	中国长治	湖南省怀化市	怀化市人民政府政务服务中心
山西省临汾市	临汾市人民政府	湖南省邵阳市	邵阳市人民政府
山西省晋城市	晋城政务	湖南省衡阳市	衡阳发布
山西省运城市	运城发布	湖南省永州市	永州市政务服务中心
内蒙古自治区呼和浩特市	呼和浩特发布	湖南省郴州市	郴州市政府门户网站
内蒙古自治区呼伦贝尔市	呼伦贝尔市人民政府官方网站发布	湖南省湘西土家族苗族自治州	湘西州人民政府门户
内蒙古自治区通辽市	通辽政务信息	广东省广州市	广州政务
内蒙古自治区赤峰市	中国赤峰	广东省韶关市	韶关政务服务
内蒙古自治区巴彦淖尔市	巴彦淖尔发布	广东省梅州市	梅州发布
内蒙古自治区乌兰察布市	活力乌兰察布	广东省河源市	河源发布
内蒙古自治区包头市	包头发布	广东省清远市	清远 12345

续表

地级市	采集数据源（公众号）	地级市	采集数据源（公众号）
内蒙古自治区鄂尔多斯市	鄂尔多斯阳光政务	广东省潮州市	潮州政务服务
内蒙古自治区乌海市	乌海政府信息网	广东省揭阳市	揭阳市政府网
内蒙古自治区兴安盟	平安兴安盟	广东省汕头市	汕头政府网
内蒙古自治区锡林郭勒盟	锡林郭勒盟政务门户网	广东省肇庆市	肇庆市政府门户网站
内蒙古自治区阿拉善盟	阿拉善发布	广东省惠州市	惠州发布
黑龙江省哈尔滨市	哈尔滨市政府	广东省佛山市	佛山发布
黑龙江省黑河市	黑河政务	广东省东莞市	莞香花开
黑龙江省伊春市	伊春市人民政府	广东省云浮市	云浮市人民政府行政服务中心
黑龙江省齐齐哈尔市	微鹤城	广东省汕尾市	汕尾市人民政府网站
黑龙江省鹤岗市	鹤岗发布	广东省江门市	江门发布
黑龙江省佳木斯市	佳木斯政务	广东省中山市	中山行政服务中心
黑龙江省双鸭山市	双鸭山政务	广东省深圳市	深圳发布
黑龙江省绥化市	绥化网信	广东省珠海市	珠海发布
黑龙江省大庆市	微大庆	广东省阳江市	阳江政府网
黑龙江省七台河市	七台河发布	广东省茂名市	茂名市人民政府
黑龙江省鸡西市	美丽鸡西	广东省湛江市	湛江政府网
黑龙江省牡丹江市	牡丹江发布	广西壮族自治区南宁市	南宁发布

续表

地级市	采集数据源（公众号）	地级市	采集数据源（公众号）
黑龙江省大兴安岭地区	大兴安岭政务	广西壮族自治区桂林市	桂林市政务服务中心
辽宁省沈阳市	沈阳政务	广西壮族自治区河池市	河池发布
辽宁省铁岭市	铁岭民生	广西壮族自治区贺州市	贺州市人民政府办公室
辽宁省阜新市	阜新 12345	广西壮族自治区柳州市	柳州发布
辽宁省抚顺市	抚顺政务	广西壮族自治区百色市	百色政法
辽宁省朝阳市	无	广西壮族自治区来宾市	来宾发布
辽宁省本溪市	本溪发布厅	广西壮族自治区梧州市	梧州发布
辽宁省辽阳市	辽阳新闻网	广西壮族自治区贵港市	贵港宣传
辽宁省鞍山市	微鞍山	广西壮族自治区玉林市	玉林政务服务
辽宁省盘锦市	微盘锦	广西壮族自治区崇左市	崇左政府发布
辽宁省锦州市	锦州发布	广西壮族自治区钦州市	钦州发布
辽宁省葫芦岛市	葫芦岛党建	广西壮族自治区防城港市	防城港发布
辽宁省营口市	营口公共行政服务中心	广西壮族自治区北海市	北海市政务服务中心
辽宁省丹东市	丹东发布	海南省海口市	海口发布
辽宁省大连市	无	海南省三亚市	三亚政务

续表

地级市	采集数据源（公众号）	地级市	采集数据源（公众号）
吉林省长春市	长春政事儿	海南省儋州市	儋州市政府
吉林省白城市	白城发布	海南省三沙市	无
吉林省松原市	松原发布	四川省成都市	成都服务
吉林省吉林市	吉林市发布	四川省广元市	广元政务
吉林省四平市	精彩四平	四川省巴中市	巴中市人民政府政务服务中心
吉林省辽源市	辽源之声	四川省绵阳市	绵阳政务和交易服务
吉林白山市	白山市人民政府政务服务中心	四川省德阳市	德阳发布
吉林省通化市	通化发布	四川省达州市	达州发布
吉林省延边州	延边发布	四川省南充市	南充播报
江苏省南京市	中国南京	四川省遂宁市	遂宁发布
江苏省连云港市	连云港发布	四川省广安市	广安发布
江苏省徐州市	徐州发布	四川省资阳市	资阳发布
江苏省宿迁市	宿迁之声	四川省眉山市	微眉山
江苏省淮安市	中国淮安政府门户网站	四川省雅安市	四川雅安
江苏省盐城市	盐城发布	四川省内江市	最内江
江苏省泰州市	泰州发布	四川省乐山市	乐山发布
江苏省扬州市	扬州政务服务	四川省自贡市	微自贡
江苏省镇江市	镇江发布	四川省泸州市	醉美泸州
江苏省南通市	中国南通	四川省宜宾市	宜宾发布
江苏省常州市	常州政府网站	四川省攀枝花市	攀枝花发布
江苏省无锡市	无锡发布	四川省阿坝藏族羌族自治州	无
江苏省苏州市	苏州发布	四川省甘孜藏族自治州	微甘孜
浙江省杭州市	杭州发布	四川省凉山彝族自治州	凉山政府网

续表

地级市	采集数据源（公众号）	地级市	采集数据源（公众号）
浙江省湖州市	湖州发布	贵州省贵阳市	筑之声
浙江省嘉兴市	嘉兴发布	贵州省遵义市	遵义发布
浙江省绍兴市	绍兴发布	贵州省六盘水市	六盘水市人民政府网
浙江省舟山市	舟山发布	贵州省安顺市	中国安顺门户网站
浙江省宁波市	宁波政务	贵州省铜仁市	铜仁市人民政府网
浙江省金华市	金华市政府网	贵州省毕节市	毕节市人民政府网
浙江省衢州市	衢州政务	贵州省黔西南布依族苗族自治州	黔西南州人民政府网
浙江省台州市	台州市府办微平台	贵州省黔东南苗族侗族自治州	黔东南州政府
浙江省丽水市	丽水发布	贵州省黔南布依族苗族自治州	黔南州人民政府网
浙江省温州市	温州发布	云南省昆明市	昆明发布
安徽省合肥市	合肥发布	云南省昭通市	昭通市人民政府
安徽省淮北市	淮北市人民政府发布	云南省丽江市	丽江政务网
安徽省亳州市	亳州发布	云南省曲靖市	微曲靖
安徽省宿州市	宿州发布	云南省保山市	保山市人民政府办公室
安徽省蚌埠市	蚌埠市人民政府发布	云南省玉溪市	玉溪发布
安徽省阜阳市	中国阜阳	云南省临沧市	临沧市政务服务管理局
安徽省淮南市	淮南市人民政府发布	云南省普洱市	普洱发布
安徽省滁州市	滁州市人民政府发布	云南省楚雄彝族自治州	数字楚雄
安徽省六安市	六安市人民政府发布	云南省红河哈尼族彝族自治州	红河政务服务
安徽省马鞍山市	马鞍山政务服务	云南省文山壮族苗族自治州	文山市政府

续表

地级市	采集数据源（公众号）	地级市	采集数据源（公众号）
安徽省芜湖市	芜湖市人民政府发布	云南省西双版纳傣族自治州	西双版纳傣族政务网
安徽省宣城市	宣城市人民政府发布	云南省大理白族自治州	大理发布
安徽省铜陵市	铜陵发布	云南省德宏傣族景颇族自治州	美丽德宏
安徽省池州市	池州市人民政府发布	云南省怒江傈僳族自治州	青春怒江
安徽省安庆市	安庆市人民政府发布	云南省迪庆藏族自治州	无
安徽省黄山市	黄山发布	西藏自治区拉萨市	拉萨市政府两学一做
福建省福州市	e 福州	西藏自治区昌都市	网信昌都
福建省宁德市	宁德市人民政府公报	西藏自治区日喀则市	日喀则发布
福建省南平市	南平政府网	西藏自治区林芝市	网信林芝
福建省三明市	中国三明	西藏自治区山南市	山南发布、网信山南
福建省莆田市	莆田发布	西藏自治区那曲地区	那曲发布
福建省龙岩市	龙岩市人民政府网	西藏自治区阿里地区	网信阿里
福建省泉州市	中国政府泉州门户网站	陕西省西安市	西安发布
福建省漳州市	漳州新闻网	陕西省榆林市	榆林市政府政务服务中心
福建省厦门市	厦门发布	陕西省延安市	延安发布

续表

地级市	采集数据源（公众号）	地级市	采集数据源（公众号）
江西省南昌市	南昌发布	陕西省铜川市	铜川发布
江西省九江市	九江发布	陕西省渭南市	渭南发布
江西省景德镇市	瓷都政务	陕西省宝鸡市	宝鸡政务服务
江西省上饶市	上饶市政府行政服务中心管委会	陕西省咸阳市	智慧咸阳
江西省鹰潭市	鹰潭发布	陕西省商洛市	看商洛
江西省抚州市	抚州发布	陕西省汉中市	汉中发布
江西省新余市	新余政务	陕西省安康市	安康发布
江西省宜春市	宜春发布	甘肃省兰州市	兰州市政务服务中心
江西省萍乡市	萍乡发布	甘肃省嘉峪关市	嘉峪关政府网
江西省吉安市	吉安市人民政府网	甘肃省酒泉市	酒泉市人民政府
江西省赣州市	赣州发布	甘肃省张掖市	张掖发布
山东省济南市	济南政务	甘肃省金昌市	金昌政府网
山东省德州市	德州政府网	甘肃省武威市	武威发布
山东省滨州市	滨州政务	甘肃省白银市	白银发布
山东省东营市	东营市政务服务中心	甘肃省庆阳市	庆阳政府网
山东省烟台市	烟台政府网	甘肃省平凉市	平凉发布
山东省威海市	威海发布	甘肃省定西市	定西党政网
山东省淄博市	淄博发布	甘肃省天水市	天水发布
山东省潍坊市	山东潍坊	甘肃省陇南市	陇南政务
山东省聊城市	聊城发布	甘肃省临夏回族自治州	临夏回族自治州人民政府网
山东省泰安市	泰安发布	甘肃省甘南藏族自治州	甘南藏族自治州人民政府
山东省莱芜市	莱芜政务服务	青海省西宁市	西宁发布
山东省青岛市	青岛发布	青海省海东市	海东市政府网
山东省日照市	日照发布	青海省海北藏族自治州	无

续表

地级市	采集数据源（公众号）	地级市	采集数据源（公众号）
山东省济宁市	济宁政务	青海省黄南藏族自治州	黄南政务
山东省菏泽市	菏泽发布	青海省海南藏族自治州	海南州政务
山东省临沂市	临沂政府网	青海省果洛藏族自治州	果洛政务
山东省枣庄市	枣庄政务	青海省玉树藏族自治州	玉树发布
河南省郑州市	郑州发布	青海省海西蒙古族藏族自治州	海西发布
河南省安阳市	安阳市政府网	宁夏回族自治区银川市	银川发布
河南省鹤壁市	无	宁夏回族自治区石嘴山市	石嘴山发布
河南省濮阳市	濮阳市人民政府	宁夏回族自治区吴忠市	吴忠市政务服务中心
河南省新乡市	新乡政务服务	宁夏回族自治区中卫市	中卫市民呼叫中心
河南省焦作市	焦作政务服务	宁夏回族自治区固原市	固原阳光政务
河南省三门峡市	三门峡党建	新疆维吾尔自治区乌鲁木齐市	乌鲁木齐政府网
河南省开封市	开封智慧政务	新疆维吾尔自治区克拉玛依市	诚信克拉玛依
河南省洛阳市	精彩洛阳	新疆维吾尔自治区吐鲁番市	吐鲁番政府网
河南省商丘市	商丘市政府网	新疆维吾尔自治区哈密市	哈密政府网

续表

地级市	采集数据源（公众号）	地级市	采集数据源（公众号）
河南省许昌市	许昌政事儿	新疆维吾尔自治区昌吉州	昌吉政务
河南省平顶山市	平顶山政法	新疆维吾尔自治区博尔塔拉蒙古自治州	博州零距离
河南省周口市	周口发布	新疆维吾尔自治区巴音郭楞州	巴州零距离
河南省漯河市	漯河市政府门户网	新疆维吾尔自治区阿克苏地区	阿克苏政府网
河南省南阳市	南阳发布	新疆维吾尔自治区克孜勒苏州	克州政府网
河南省驻马店市	中国驻马店	新疆维吾尔自治区喀什地区	古城喀什
河南省信阳市	信阳发布	新疆维吾尔自治区和田地区	和田政务在线
湖北省武汉市	武汉发布	新疆维吾尔自治区伊犁州	伊犁政府网
湖北省十堰市	十堰发布	新疆维吾尔自治区塔城地区	塔城地区政府网
湖北省襄樊市	襄阳政府网	新疆维吾尔自治区阿勒泰地区	阿勒泰地区政务服务中心

附表 3－7　**省（直辖市、自治区）政务 APP 数据源**

省级	采集数据源（名称）	省级	采集数据源（名称）
北京市	北京服务您	辽宁省	辽宁政务
天津市	无	四川省	中国四川
上海市	中国上海	云南省	云南通
重庆市	重庆	青海省	青海省
广东省	广东省网上办事大厅	山东省	中国山东

续表

省级	采集数据源（名称）	省级	采集数据源（名称）
甘肃省	中国·甘肃	山西省	无
贵州省	中国贵州	陕西省	无
海南省	海南政府网	福建省	无
河北省	中国河北	浙江省	浙江政务服务
河南省	河南政务	安徽省	无
黑龙江省	无	内蒙古自治区	内蒙古自治区人民政府移动客户端
湖北省	湖北省政府	新疆维吾尔自治区	新疆政务
湖南省	湖南省人民政府	宁夏回族自治区	无
吉林省	无	广西壮族自治区	无
江苏省	无	西藏自治区	无
江西省	无		

附表 3－8　**地级市政务 APP 数据源**

地级市	采集数据源（名称）	地级市	采集数据源（名称）
河北省石家庄市	无	湖北省随州市	云上随州
河北省张家口市	大好河山张家口	湖北省荆门市	云上荆门
河北省承德市	无	湖北省孝感市	云上孝感
河北省唐山市	无	湖北省宜昌市	云上宜昌
河北省秦皇岛市	秦皇岛市民网	湖北省黄冈市	云上黄冈
河北省廊坊市	无	湖北省鄂州市	云上鄂州
河北省保定市	中国保定	湖北省荆州市	云上荆州
河北省沧州市	无	湖北省黄石市	云上黄石
河北省衡水市	衡水网上办事	湖北省咸宁市	无

续表

地级市	采集数据源（名称）	地级市	采集数据源（名称）
河北省邢台市	掌上邢台	湖北省恩施土家族苗族自治州	云上恩施
河北省邯郸市	邯郸市民网	湖南省长沙市	中国长沙
山西省太原市	掌上太原	湖南省岳阳市	岳阳政府网
山西省大同市	无	湖南省张家界市	无
山西省朔州市	朔州政府网	湖南省常德市	中国常德
山西省忻州市	无	湖南省益阳市	益阳市政府门户网站
山西省阳泉市	中国阳泉	湖南省湘潭市	无
山西省晋中市	无	湖南省株洲市	无
山西省吕梁市	无	湖南省娄底市	娄底市人民政府
山西省长治市	无	湖南省怀化市	怀化市人民政府
山西省临汾市	无	湖南省邵阳市	无
山西省晋城市	晋城在线官网	湖南省衡阳市	中国衡阳
山西省运城市	无	湖南省永州市	无
内蒙古自治区呼和浩特市	呼和浩特发布	湖南省郴州市	掌上郴州
内蒙古自治区呼伦贝尔市	呼伦贝尔发布	湖南省湘西土家族苗族自治州	无
内蒙古自治区通辽市	今日通辽	广东省广州市	广州通
内蒙古自治区赤峰市	活力赤峰	广东省韶关市	韶关发布
内蒙古自治区巴彦淖尔市	额吉塔拉新闻	广东省梅州市	梅州市人民政府
内蒙古自治区乌兰察布市	避暑之都·乌兰察布	广东省河源市	河源门户
内蒙古自治区包头市	无	广东省清远市	无

续表

地级市	采集数据源（名称）	地级市	采集数据源（名称）
内蒙古自治区鄂尔多斯市	鄂尔多斯政务服务	广东省潮州市	中国潮州
内蒙古自治区乌海市	乌海新闻	广东省揭阳市	无
内蒙古自治区兴安盟	兴安盟发布	广东省汕头市	中国汕头
内蒙古自治区锡林郭勒盟	锡林郭勒盟行署	广东省肇庆市	肇庆市人民政府
内蒙古自治区阿拉善盟	掌上阿拉善	广东省惠州市	惠州网上办事大厅
黑龙江省哈尔滨市	哈尔滨政府网	广东省佛山市	佛山市民
黑龙江省黑河市	黑河市人民政府	广东省东莞市	无
黑龙江省伊春市	绿色伊春	广东省云浮市	云浮市民网
黑龙江省齐齐哈尔市	齐齐哈尔	广东省汕尾市	无
黑龙江省鹤岗市	魅力鹤岗	广东省江门市	江门市移动政务
黑龙江省佳木斯市	快乐佳木斯	广东省中山市	中山掌厅
黑龙江省双鸭山市	掌上双鸭山	广东省深圳市	无
黑龙江省绥化市	魅力绥化	广东省珠海市	中国珠海
黑龙江省大庆市	魅力大庆	广东省阳江市	无
黑龙江省七台河市	无	广东省茂名市	无
黑龙江省鸡西市	无	广东省湛江市	智慧湛江
黑龙江省牡丹江市	掌上牡丹江	广西壮族自治区南宁市	无

续表

地级市	采集数据源（名称）	地级市	采集数据源（名称）
黑龙江省大兴安岭地区	生态兴安岭	广西壮族自治区桂林市	中国桂林
辽宁省沈阳市	我的沈阳	广西壮族自治区河池市	无
辽宁省铁岭市	铁岭 12345 市长服务热线	广西壮族自治区贺州市	无
辽宁省阜新市	无	广西壮族自治区柳州市	爱柳州
辽宁省抚顺市	无	广西壮族自治区百色市	无
辽宁省朝阳市	无	广西壮族自治区来宾市	无
辽宁省本溪市	本溪市民网	广西壮族自治区梧州市	无
辽宁省辽阳市	无	广西壮族自治区贵港市	中国贵港
辽宁省鞍山市	中国鞍山	广西壮族自治区玉林市	无
辽宁省盘锦市	无	广西壮族自治区崇左市	无
辽宁省锦州市	锦州发布	广西壮族自治区钦州市	中国钦州
辽宁省葫芦岛市	无	广西壮族自治区防城港市	美丽防城港
辽宁省营口市	营口办事大厅	广西壮族自治区北海市	无
辽宁省丹东市	无	海南省海口市	中国海口
辽宁省大连市	无	海南省三亚市	无

续表

地级市	采集数据源（名称）	地级市	采集数据源（名称）
吉林省长春市	无	海南省儋州市	无
吉林省白城市	无	海南省三沙市	中国三沙
吉林省松原市	无	四川省成都市	蓉慧通
吉林省吉林市	无	四川省广元市	广元市政府
吉林省四平市	无	四川省巴中市	中国巴中
吉林省辽源市	无	四川省绵阳市	无
吉林省白山市	无	四川省德阳市	中国德阳
吉林省通化市	无	四川省达州市	无
吉林省延边州	延边发布	四川省南充市	南充市人民政府
江苏省南京市	我的南京	四川省遂宁市	12345 政府热线—智慧遂宁
江苏省连云港市	连云港发布	四川省广安市	无
江苏省徐州市	中国徐州	四川省资阳市	资阳市
江苏省宿迁市	无	四川省眉山市	无
江苏省淮安市	中国淮安	四川省雅安市	无
江苏省盐城市	无	四川省内江市	中国内江
江苏省泰州市	中国泰州	四川省乐山市	乐山市政府
江苏省扬州市	扬州发布	四川省自贡市	看度自贡
江苏省镇江市	中国镇江	四川省泸州市	无
江苏省南通市	南通发布	四川省宜宾市	宜宾发布，中国宜宾
江苏省常州市	中国常州	四川省攀枝花市	中国攀枝花
江苏省无锡市	中国无锡	四川省阿坝藏族羌族自治州	中国阿坝州
江苏省苏州市	中国苏州	四川省甘孜藏族自治州	无
浙江省杭州市	无	四川省凉山彝族自治州	中国凉山
浙江省湖州市	湖州发布	贵州省贵阳市	无

续表

地级市	采集数据源（名称）	地级市	采集数据源（名称）
浙江省嘉兴市	嘉兴市民之家	贵州省遵义市	中国遵义
浙江省绍兴市	无	贵州省六盘水市	中国凉都
浙江省舟山市	无	贵州省安顺市	中国安顺
浙江省宁波市	宁波政务	贵州省铜仁市	掌上铜仁
浙江省金华市	中国金华	贵州省毕节市	活力毕节
浙江省衢州市	智慧衢州	贵州省黔西南布依族苗族自治州	无
浙江省台州市	中国台州	贵州省黔东南苗族侗族自治州	无
浙江省丽水市	无	贵州省黔南布依族苗族自治州	中国黔南
浙江省温州市	中国温州	云南省昆明市	云南通·昆明
安徽省合肥市	无	云南省昭通市	云南通·昭通
安徽省淮北市	精致淮北	云南省丽江市	云南通·丽江
安徽省亳州市	我家亳州	云南省曲靖市	云南通·曲靖
安徽省宿州市	掌上宿州	云南省保山市	云南通·保山
安徽省蚌埠市	蚌埠一家	云南省玉溪市	云南通·玉溪
安徽省阜阳市	魅力阜阳	云南省临沧市	云南通·临沧
安徽省淮南市	魅力淮南	云南省普洱市	云南通·普洱
安徽省滁州市	滁州政府	云南省楚雄彝族自治州	云南通·楚雄
安徽省六安市	六安市政府	云南省红河哈尼族彝族自治州	云南通·红河
安徽省马鞍山市	马鞍山市民网	云南省文山壮族苗族自治州	云南通·文山
安徽省芜湖市	无	云南省西双版纳傣族自治州	云南通·西双版纳
安徽省宣城市	多彩宣城	云南省大理白族自治州	云南通·大理

续表

地级市	采集数据源（名称）	地级市	采集数据源（名称）
安徽省铜陵市	幸福铜陵	云南省德宏傣族景颇族自治州	云南通 · 德宏州
安徽省池州市	无	云南省怒江傈僳族自治州	云南通 · 怒江
安徽省安庆市	中国安庆	云南省迪庆藏族自治州	云南通 · 迪庆
安徽省黄山市	中国黄山	西藏自治区拉萨市	无
福建省福州市	e 福州	西藏自治区昌都市	无
福建省宁德市	中国宁德	西藏自治区日喀则市	无
福建省南平市	中国南平	西藏自治区林芝市	无
福建省三明市	中国三明	西藏自治区山南市	无
福建省莆田市	莆田市政府	西藏自治区那曲地区	那曲发布
福建省龙岩市	无	西藏自治区阿里地区	无
福建省泉州市	中国泉州	陕西省西安市	中国西安
福建省漳州市	漳州市人民政府	陕西省榆林市	榆林日报
福建省厦门市	厦门市人民政府	陕西省延安市	无
江西省南昌市	无	陕西省铜川市	新华铜川
江西省九江市	无	陕西省渭南市	无
江西省景德镇市	中国景德镇	陕西省宝鸡市	无
江西省上饶市	无	陕西省咸阳市	咸阳
江西省鹰潭市	无	陕西省商洛市	无

续表

地级市	采集数据源（名称）	地级市	采集数据源（名称）
江西省抚州市	魅力抚州	陕西省汉中市	中国汉中
江西省新余市	无	陕西省安康市	无
江西省宜春市	无	甘肃省兰州市	兰州政务
江西省萍乡市	无	甘肃省嘉峪关市	嘉峪关市政
江西省吉安市	吉安发布	甘肃省酒泉市	无
江西省赣州市	无	甘肃省张掖市	无
山东省济南市	中国济南	甘肃省金昌市	无
山东省德州市	无	甘肃省武威市	无
山东省滨州市	中国滨州	甘肃省白银市	无
山东省东营市	中国东营微门户	甘肃省庆阳市	掌上庆阳
山东省烟台市	中国烟台	甘肃省平凉市	问道平凉
山东省威海市	威海市政府	甘肃省定西市	定西党政网
山东省淄博市	无	甘肃省天水市	无
山东省潍坊市	潍 V	甘肃省陇南市	无
山东省聊城市	无	甘肃省临夏回族自治州	无
山东省泰安市	无	甘肃省甘南藏族自治州	无
山东省莱芜市	无	青海省西宁市	无
山东省青岛市	青岛政务网	青海省海东市	无
山东省日照市	无	青海省海北藏族自治州	无
山东省济宁市	无	青海省黄南藏族自治州	无
山东省菏泽市	无	青海省海南藏族自治州	无
山东省临沂市	无	青海省果洛藏族自治州	云上果洛

续表

地级市	采集数据源（名称）	地级市	采集数据源（名称）
山东省枣庄市	无	青海省玉树藏族自治州	无
河南省郑州市	无	青海省海西蒙古族藏族自治州	无
河南省安阳市	安阳市政府网站	宁夏回族自治区银川市	银川发布
河南省鹤壁市	无	宁夏回族自治区石嘴山市	宁夏石嘴山
河南省濮阳市	爱濮阳	宁夏回族自治区吴忠市	无
河南省新乡市	新乡市人民政府	宁夏回族自治区中卫市	云端中卫
河南省焦作市	无线焦作	宁夏回族自治区固原市	无
河南省三门峡市	无	新疆维吾尔自治区乌鲁木齐市	无
河南省开封市	中国·开封公众信息网	新疆维吾尔自治区克拉玛依市	无
河南省洛阳市	掌上洛阳	新疆维吾尔自治区吐鲁番市	吐鲁番政府网
河南省商丘市	无线商丘	新疆维吾尔自治区哈密市	哈密政府网
河南省许昌市	无	新疆维吾尔自治区昌吉州	昌吉州人民政府
河南省平顶山市	无	新疆维吾尔自治区博尔塔拉蒙古自治州	无
河南省周口市	无	新疆维吾尔自治区巴音郭楞州	无

续表

地级市	采集数据源（名称）	地级市	采集数据源（名称）
河南省漯河市	无	新疆维吾尔自治区阿克苏地区	无
河南省南阳市	无	新疆维吾尔自治区克孜勒苏州	无
河南省驻马店市	无	新疆维吾尔自治区喀什地区	喀什 24 小时
河南省信阳市	无	新疆维吾尔自治区和田地区	无
湖北省武汉市	云端武汉	新疆维吾尔自治区伊犁州	无
湖北省十堰市	云上十堰	新疆维吾尔自治区塔城地区	无
湖北省襄樊市	中国襄阳	新疆维吾尔自治区阿勒泰地区	无

附录4　地级市政府电子服务能力指数

附表4－1　　　　　地级市政务网站服务能力指数

排名	地市	指数	排名	地市	指数	排名	地市	指数
1	岳阳市	92.38	18	漳州市	78.54	35	芜湖市	75.35
2	中山市	91.88	19	铜仁市	78.12	36	黔东南苗族侗族自治州	75.09
3	佛山市	86.87	20	南宁市	78.10	37	台州市	75.05
4	江门市	86.22	21	景德镇市	77.94	38	德州市	74.70
5	南京市	84.99	22	阜阳市	77.54	39	宁波市	74.56
6	贵阳市	82.98	23	珠海市	77.51	40	长春市	74.48
7	无锡市	82.76	24	十堰市	77.42	41	茂名市	74.47
8	温州市	82.60	25	成都市	76.78	42	安康市	74.39
9	萍乡市	81.73	26	南通市	76.77	43	安阳市	74.22
10	梅州市	81.70	27	钦州市	76.54	44	阳江市	74.18
11	广州市	81.11	28	威海	76.38	45	湛江市	73.95
12	六盘水市	80.91	29	滁州市	76.08	46	湖州市	73.87
13	舟山市	80.60	30	武汉市	76.01	47	平凉市	73.72
14	嘉兴市	80.50	31	肇庆市	75.87	48	遵义市	73.71
15	荆门市	80.04	32	郴州市	75.78	49	赣州市	73.70
16	咸宁市	79.35	33	南昌市	75.50	50	淮南市	73.46
17	泉州市	78.92	34	娄底市	75.38	51	宁德市	73.41

续表

排名	地市	指数	排名	地市	指数	排名	地市	指数
52	龙岩市	73.38	75	南平市	70.14	98	长治市	66.24
53	惠州市	73.23	76	银川市	69.76	99	玉溪市	65.97
54	亳州市	73.23	77	盐城市	69.39	100	海北藏族自治州	65.94
55	合肥市	73.22	78	淮安市	69.34	101	西安市	65.93
56	广元市	73.07	79	恩施土家族苗族自治州	69.32	102	资阳市	65.93
57	黔南布依族苗族自治州	73.02	80	黄冈市	69.25	103	内江市	65.77
58	衢州市	72.98	81	汕尾市	69.22	104	七台河市	65.74
59	常德市	72.85	82	四平市	69.19	105	三亚市	65.65
60	三明市	72.71	83	儋州市	68.90	106	丽水市	65.58
61	金昌市	72.65	84	宜宾市	68.62	107	日照市	65.54
62	汕头市	72.42	85	毕节市	68.62	108	博尔塔拉蒙古自治州	65.43
63	晋城市	72.27	86	东莞市	68.59	109	怀化市	65.42
64	黔西南布依族苗族自治州	72.19	87	株洲市	68.36	110	清远市	65.34
65	新乡市	71.79	88	淮北市	68.28	111	益阳市	65.23
66	绍兴市	71.78	89	包头市	68.02	112	南阳市	65.20
67	东营市	71.74	90	潮州市	67.97	113	凉山彝族自治州	65.20
68	金华市	71.54	91	苏州市	67.89	114	韶关市	65.10
69	张家界市	71.47	92	衡阳市	67.40	115	达州市	64.89
70	宜昌市	70.76	93	云浮市	67.25	116	德阳市	64.85
71	杭州市	70.70	94	锡林郭勒盟	67.08	117	宿迁市	64.75
72	深圳市	70.70	95	抚州市	66.54	118	镇江市	64.74
73	扬州市	70.55	96	宝鸡市	66.50	119	宿州市	64.71
74	青岛市	70.31	97	鄂州市	66.46	120	柳州市	64.54

续表

排名	地市	指数	排名	地市	指数	排名	地市	指数
121	阿拉善盟	64.50	144	徐州市	61.96	167	潍坊市	59.27
122	延边朝鲜族自治州	64.49	145	长沙市	61.94	168	菏泽市	59.22
123	湘潭市	64.40	146	甘南藏族自治州	61.93	169	泰州市	58.71
124	泸州市	64.36	147	白银市	61.49	170	通辽市	58.62
125	信阳市	64.05	148	酒泉市	61.47	171	莆田市	58.57
126	临沂市	63.92	149	济南市	61.39	172	崇左市	58.26
127	拉萨市	63.86	150	巴中市	61.39	173	汉中市	58.00
128	昆明市	63.85	151	铜陵市	61.14	174	鹰潭市	57.82
129	庆阳市	63.63	152	朔州市	60.65	175	宜春市	57.80
130	枣庄市	63.31	153	连云港市	60.33	176	襄樊市	57.75
131	六安市	63.24	154	安庆市	60.24	177	临沧市	57.68
132	咸阳市	63.21	155	洛阳市	60.03	178	海口市	57.65
133	常州市	63.18	156	兴安盟	59.98	179	遂宁市	57.63
134	济宁市	63.10	157	湘西土家族苗族自治州	59.91	180	眉山市	57.58
135	濮阳市	63.01	158	衡水市	59.82	181	宣城市	57.41
136	普洱市	62.64	159	郑州市	59.78	182	南充市	57.20
137	定西市	62.61	160	陇南市	59.66	183	昌吉回族自治州	57.15
138	河源市	62.58	161	揭阳市	59.57	184	烟台市	57.10
139	安顺市	62.55	162	玉林市	59.57	185	锦州市	57.06
140	延安市	62.44	163	张掖市	59.52	186	廊坊市	57.01
141	唐山市	62.12	164	白山市	59.49	187	阿克苏地区	56.88
142	临夏回族自治州	62.10	165	雅安市	59.43	188	黄石市	56.71
143	焦作市	62.02	166	自贡市	59.39	189	厦门市	56.53

续表

排名	地市	指数	排名	地市	指数	排名	地市	指数
190	滨州市	56.37	215	漯河市	54.07	240	巴彦淖尔市	50.94
191	乐山市	56.33	216	伊春市	53.91	241	三门峡市	50.42
192	鄂尔多斯市	56.32	217	泰安市	53.90	242	武威市	50.34
193	佳木斯市	56.16	218	黄南藏族自治州	53.80	243	大连市	50.27
194	石嘴山市	56.15	219	荆州市	53.66	244	哈密市	50.09
195	随州市	55.60	220	黑河市	53.41	245	营口市	49.93
196	沈阳市	55.49	221	葫芦岛市	53.34	246	哈尔滨市	49.92
197	攀枝花市	55.47	222	平顶山市	53.26	247	石家庄市	49.62
198	乌鲁木齐市	55.42	223	绵阳市	53.01	248	商洛市	49.58
199	甘孜藏族自治州	55.40	224	马鞍山市	52.52	249	西双版纳傣族自治州	49.57
200	保山市	55.39	225	阜新市	52.04	250	大理白族自治州	49.42
201	阳泉市	55.34	226	盘锦市	52.01	251	怒江傈僳族自治州	49.22
202	福州市	55.29	227	贵港市	52.00	252	孝感市	49.20
203	北海市	55.28	228	防城港市	51.85	253	德宏傣族景颇族自治州	49.13
204	牡丹江市	55.23	229	池州市	51.59	254	上饶市	49.04
205	大同市	55.09	230	松原市	51.47	255	呼和浩特市	49.03
206	广安市	55.02	231	九江市	51.46	256	邵阳市	48.81
207	楚雄彝族自治州	55.01	232	昭通市	51.28	257	邯郸市	48.79
208	铜川市	54.99	233	双鸭山市	51.25	258	海东市	48.55
209	嘉峪关市	54.83	234	齐齐哈尔市	51.23	259	大庆市	48.33
210	赤峰市	54.82	235	保定市	51.21	260	西宁市	47.75
211	莱芜市	54.48	236	阿坝藏族羌族自治州	51.15	261	迪庆藏族自治州	47.74
212	梧州市	54.43	237	蚌埠市	51.11	262	沧州市	47.53
213	淄博市	54.33	238	兰州市	51.03	263	抚顺市	47.23
214	新余市	54.08	239	乌兰察布市	50.99	264	白城市	47.21

续表

排名	地市	指数	排名	地市	指数	排名	地市	指数
265	永州市	47.18	289	红河哈尼族彝族自治州	43.64	313	聊城市	39.41
266	鹤壁市	47.14	290	海南藏族自治州	43.58	314	河池市	39.03
267	朝阳市	46.91	291	商丘市	43.58	315	鸡西市	38.39
268	忻州市	46.91	292	海西蒙古族藏族自治州	43.38	316	周口市	37.76
269	本溪市	46.70	293	绥化市	43.19	317	吴忠市	37.42
270	铁岭市	46.67	294	黄山市	43.07	318	克孜勒苏柯尔克孜自治州	37.03
271	鞍山市	46.29	295	许昌市	42.97	319	喀什地区	36.99
272	桂林市	46.00	296	渭南市	42.93	320	运城市	36.13
273	通化市	45.69	297	文山壮族苗族自治州	42.90	321	昌都市	36.00
274	辽源市	45.62	298	吉林市	42.45	322	中卫市	35.78
275	丽江市	45.57	299	张家口市	42.35	323	日喀则市	35.32
276	呼伦贝尔市	45.47	300	吐鲁番市	41.76	324	贺州市	35.09
277	太原市	45.24	301	伊犁州	41.55	325	山南市	34.67
278	邢台市	45.05	302	鹤岗市	41.54	326	林芝市	34.43
279	曲靖市	45.04	303	临汾市	41.54	327	承德市	34.08
280	辽阳市	45.03	304	榆林市	41.42	328	阿勒泰地区	33.04
281	天水市	44.71	305	开封市	41.35	329	玉树藏族自治州	32.94
282	固原市	44.64	306	百色市	41.34	330	阿里地区	32.87
283	塔城地区	44.59	307	来宾市	40.78	331	三沙市	32.43
284	乌海市	44.17	308	秦皇岛市	40.40	332	和田地区	31.46
285	驻马店市	44.05	309	克拉玛依市	40.35	333	晋中市	29.34
286	巴音郭楞州	43.96	310	吕梁市	40.01	334	那曲地区	28.16
287	吉安市	43.96	311	大兴安岭地区	39.54			
288	丹东市	43.87	312	果洛藏族自治州	39.44			

注：不列示无相应服务渠道的数据。

附表4－2　　地级市政府微博服务能力指数

排名	地市	指数	排名	地市	指数	排名	地市	指数
1	深圳市	94.03	28	吕梁市	84.45	55	泉州市	81.24
2	宿迁市	92.77	29	丹东市	84.25	56	岳阳市	81.04
3	青岛市	92.69	30	鹤壁市	84.24	57	资阳市	81
4	南昌市	92.53	31	杭州市	83.96	58	肇庆市	80.99
5	哈尔滨市	92.47	32	承德市	83.79	59	南宁市	80.85
6	鞍山市	92.26	33	南充市	83.73	60	鹰潭市	80.56
7	西安市	91.47	34	威海市	83.72	61	博尔塔拉蒙古自治州	80.28
8	广州市	90.98	35	惠州市	83.68	62	宜宾市	80.2
9	宁波市	90.75	36	乐山市	83.42	63	四平市	80.13
10	佛山市	90.12	37	宜昌市	83.4	64	攀枝花市	80.02
11	新余市	90	38	保定市	83.23	65	北海市	79.95
12	苏州市	88.98	39	洛阳市	83.22	66	巴彦淖尔市	79.83
13	石家庄市	88.73	40	曲靖市	83.12	67	三明市	79.46
14	汕头市	88.71	41	哈密市	82.78	68	郴州市	79.31
15	无锡市	87.36	42	衡阳市	82.75	69	普洱市	79.12
16	唐山市	86.77	43	兰州市	82.7	70	赣州市	79.1
17	银川市	86.29	44	东莞市	82.68	71	达州市	79.02
18	安庆市	86.1	45	柳州市	82.67	72	抚州市	78.92
19	商丘市	85.69	46	内江市	82.16	73	萍乡市	78.84
20	松原市	85.66	47	徐州市	82.09	74	邯郸市	78.83
21	宿州市	85.5	48	铜陵市	81.89	75	绵阳市	78.78
22	福州市	85.36	49	济南市	81.74	76	宜春市	78.56
23	吉林市	85.23	50	鄂尔多斯市	81.71	77	泰州市	78.4
24	清远市	84.89	51	巴中市	81.64	78	凉山彝族自治州	78.39
25	雅安市	84.65	52	亳州市	81.39	79	铜川市	78.34
26	武汉市	84.63	53	德阳市	81.37	80	赤峰市	78.33
27	舟山市	84.63	54	成都市	81.32	81	阿拉善盟	78.17

续表

排名	地市	指数	排名	地市	指数	排名	地市	指数
82	伊犁州	78.11	108	长春市	75.31	134	三门峡市	72.78
83	烟台市	77.92	109	临沧市	75.24	135	楚雄彝族自治州	72.76
84	九江市	77.75	110	连云港市	75.22	136	中山市	72.63
85	芜湖市	77.63	111	大庆市	75.2	137	郑州市	72.48
86	平顶山市	77.37	112	梅州市	75.19	138	眉山市	72.38
87	潍坊市	77.31	113	安康市	75.14	139	抚顺市	72.24
88	孝感市	77.15	114	南通市	74.94	140	和田地区	71.96
89	合肥市	76.95	115	常州市	74.94	141	晋城市	71.69
90	衢州市	76.93	116	本溪市	74.81	142	濮阳市	71.42
91	潮州市	76.87	117	昆明市	74.69	143	聊城市	71.11
92	白银市	76.56	118	常德市	74.67	144	汉中市	71.05
93	菏泽市	76.52	119	珠海市	74.58	145	七台河市	70.91
94	齐齐哈尔市	76.44	120	天水市	74.55	146	喀什地区	70.86
95	滁州市	76.34	121	遂宁市	74.35	147	商洛市	70.82
96	许昌市	76.33	122	南京市	74.06	148	大同市	70.64
97	克拉玛依市	76.24	123	济宁市	74.02	149	枣庄市	70.6
98	渭南市	76.12	124	丽水市	74	150	黔东南苗族侗族自治州	70.47
99	上饶市	76	125	吉安市	73.64	151	六盘水市	70.4
100	扬州市	75.89	126	襄樊市	73.5	152	张家口市	70.38
101	贵港市	75.81	127	沧州市	73.15	153	鸡西市	70.31
102	池州市	75.81	128	长沙市	73.12	154	定西市	70.22
103	绍兴市	75.66	129	廊坊市	73.1	155	西双版纳傣族自治州	70.02
104	湖州市	75.57	130	通化市	73.05	156	吐鲁番市	69.73
105	泸州市	75.48	131	淄博市	73.03	157	淮北市	69.5
106	平凉市	75.44	132	拉萨市	72.94	158	十堰市	69.48
107	延安市	75.44	133	日照市	72.91	159	汕尾市	69.48

续表

排名	地市	指数	排名	地市	指数	排名	地市	指数
160	温州市	69.46	182	衡水市	65.72	204	海口市	62.79
161	临沂市	69.33	183	景德镇市	65.68	205	黔西南布依族苗族自治州	62.72
162	嘉兴市	69.29	184	太原市	65.67	206	咸阳市	62.68
163	防城港市	69.06	185	铜仁市	65.66	207	晋中市	62.67
164	河源市	69.05	186	六安市	65.12	208	阿勒泰地区	62.56
165	阿坝藏族羌族自治州	69	187	克孜勒苏柯尔克孜自治州	65.07	209	荆门市	62.48
166	伊春市	68.46	188	莱芜市	64.47	210	保山市	62.47
167	包头市	68.33	189	白山市	64.23	211	广安市	62.44
168	兴安盟	68.02	190	玉树藏族自治州	64.04	212	乌兰察布市	62.33
169	锦州市	67.89	191	益阳市	63.75	213	台州市	62.08
170	黄山市	67.82	192	三亚市	63.74	214	红河哈尼族彝族自治州	62.08
171	咸宁市	67.59	193	永州市	63.63	215	临夏回族自治州	61.97
172	黔南布依族苗族自治州	67.48	194	巴音郭楞州	63.56	216	延边朝鲜族自治州	61.85
173	大理白族自治州	67.45	195	固原市	63.52	217	呼和浩特市	61.19
174	昌吉回族自治州	67.41	196	淮安市	63.27	218	辽源市	61.12
175	鄂州市	67.22	197	河池市	63.27	219	东营市	61.12
176	德州市	67.1	198	阜阳市	63.15	220	黄石市	60.52
177	湛江市	66.95	199	甘孜藏族自治州	63	221	揭阳市	60.29
178	宝鸡市	66.63	200	荆州市	62.95	222	茂名市	60.09
179	运城市	66.12	201	锡林郭勒盟	62.93	223	玉林市	60.08
180	张掖市	66.1	202	乌鲁木齐市	62.91	224	金华市	59.72
181	宣城市	65.93	203	随州市	62.79	225	黑河市	59.72

续表

排名	地市	指数	排名	地市	指数	排名	地市	指数
226	白城市	59.67	246	金昌市	55.97	266	马鞍山市	49.02
227	呼伦贝尔市	59.63	247	陇南市	55.53	267	株洲市	48.28
228	南平市	59.44	248	梧州市	55.42	268	贵阳市	48.05
229	日喀则市	59.35	249	江门市	54.81	269	自贡市	47.95
230	蚌埠市	59.15	250	塔城地区	54.34	270	昭通市	47.15
231	盐城市	58.92	251	乌海市	54.26	271	厦门市	46.73
232	石嘴山市	58.86	252	泰安市	54.1	272	宁德市	43.99
233	佳木斯市	58.65	253	广元市	53.94	273	嘉峪关市	43.69
234	阿克苏地区	58.59	254	双鸭山市	53.57	274	鹤岗市	43.17
235	沈阳市	58.36	255	韶关市	53.22	275	湘潭市	43
236	酒泉市	57.99	256	迪庆藏族自治州	52.74	276	湘西土家族苗族自治州	42.82
237	漳州市	57.75	257	新乡市	52.51	277	安顺市	42.33
238	丽江市	57.32	258	龙岩市	52.42	278	焦作市	41.64
239	来宾市	57.26	259	黄冈市	51.78	279	朔州市	41.63
240	通辽市	57.24	260	长治市	51.18	280	儋州市	41.45
241	忻州市	57.23	261	秦皇岛市	50.99	281	南阳市	38.03
242	海西蒙古族藏族自治州	57.19	262	阳江市	50.94	282	黄南藏族自治州	36.13
243	榆林市	56.8	263	海东市	50.8	283	山南市	35.61
244	恩施土家族苗族自治州	56.59	264	淮南市	50.23	284	邢台市	32.28
245	滨州市	56.4	265	安阳市	49.11	285	西宁市	19.61

注：不列示无相应服务渠道的数据，省级自治区采用简称，下同。

附表4-3　　**地级市政府微信服务能力指数**

排名	地市	指数	排名	地市	指数	排名	地市	指数
1	南昌市	79.37	4	汉中市	70.11	7	广州市	67.97
2	邢台市	72.97	5	雅安市	68.60	8	锦州市	67.85
3	贵港市	70.68	6	芜湖市	68.14	9	温州市	67.69

续表

排名	地市	指数	排名	地市	指数	排名	地市	指数
10	杭州市	66.23	35	钦州市	59.49	60	宜宾市	54.48
11	昆明市	66.00	36	南京市	59.18	61	大同市	54.37
12	西宁市	65.76	37	威海市	58.93	62	普洱市	54.27
13	武汉市	65.59	38	湖州市	58.80	63	玉树藏族自治州	54.03
14	三明市	64.45	39	九江市	58.49	64	乐山市	53.96
15	黔南布依族苗族自治州	64.40	40	淮南市	58.19	65	河源市	53.87
16	江门市	64.31	41	无锡市	58.17	66	滁州市	53.56
17	承德市	64.06	42	潍坊市	57.92	67	盘锦市	53.33
18	西安市	63.32	43	鹰潭市	57.46	68	泰州市	53.05
19	惠州市	63.25	44	驻马店市	57.41	69	佳木斯市	53.04
20	宿迁市	62.85	45	固原市	57.37	70	昌吉回族自治州	52.98
21	湛江市	62.73	46	阜阳市	57.18	71	安康市	52.80
22	玉溪市	62.38	47	吐鲁番市	56.80	72	宜春市	52.72
23	亳州市	62.26	48	贵阳市	56.29	73	青岛市	52.69
24	十堰市	62.03	49	宁波市	56.26	74	鞍山市	52.30
25	常州市	61.10	50	珠海市	55.94	75	博尔塔拉蒙古自治州	52.30
26	苏州市	60.95	51	萍乡市	55.79	76	百色市	52.18
27	福州市	60.91	52	郴州市	55.48	77	衡阳市	52.13
28	长沙市	60.78	53	盐城市	55.33	78	淮安市	52.09
29	平凉市	60.78	54	毕节市	55.30	79	乌兰察布市	52.08
30	湘潭市	60.59	55	丹东市	55.23	80	宿州市	52.02
31	克孜勒苏柯尔克孜自治州	60.07	56	海口市	55.19	81	徐州市	51.99
32	佛山市	59.93	57	清远市	55.10	82	沧州市	51.95
33	岳阳市	59.79	58	长治市	54.79	83	三亚市	51.94
34	蚌埠市	59.60	59	成都市	54.62	84	六安市	51.47

续表

排名	地市	指数	排名	地市	指数	排名	地市	指数
85	揭阳市	51.36	108	池州市	48.89	131	镇江市	46.85
86	南充市	51.26	109	廊坊市	48.88	132	东莞市	46.73
87	齐齐哈尔市	51.01	110	漳州市	48.84	133	日喀则市	46.68
88	连云港市	50.78	111	宣城市	48.62	134	石家庄市	46.65
89	张家口市	50.51	112	银川市	48.53	135	娄底市	46.60
90	抚州市	50.51	113	金昌市	48.47	136	荆门市	46.14
91	开封市	50.44	114	牡丹江市	48.46	137	长春市	45.76
92	梧州市	50.43	115	和田地区	48.46	138	黄石市	45.76
93	德州市	50.09	116	包头市	48.32	139	德宏傣族景颇族自治州	45.76
94	合肥市	50.06	117	辽阳市	48.25	140	泸州市	45.74
95	延边朝鲜族自治州	49.92	118	昌都市	48.16	141	扬州市	45.50
96	内江市	49.80	119	晋城市	48.02	142	渭南市	45.43
97	永州市	49.80	120	邯郸市	47.97	143	黄山市	45.41
98	丽水市	49.54	121	梅州市	47.76	144	兴安盟	45.15
99	吕梁市	49.53	122	张家界市	47.68	145	眉山市	45.03
100	喀什地区	49.52	123	龙岩市	47.60	146	泉州市	45.02
101	太原市	49.43	124	巴音郭楞州	47.55	147	白银市	45.01
102	安顺市	49.40	125	常德市	47.10	148	舟山市	44.94
103	赣州市	49.32	126	益阳市	47.08	149	南阳市	44.85
104	咸宁市	49.24	127	阿拉善盟	47.03	150	双鸭山市	44.80
105	哈密市	49.16	128	金华市	47.02	151	晋中市	44.56
106	广安市	49.08	129	楚雄彝族自治州	47.01	152	通化市	44.54
107	荆州市	48.93	130	菏泽市	46.91	153	深圳市	44.28

续表

排名	地市	指数	排名	地市	指数	排名	地市	指数
154	襄樊市	44.27	178	绍兴市	41.98	202	德阳市	39.62
155	白城市	44.22	179	达州市	41.54	203	聊城市	39.40
156	吉林市	44.13	180	绥化市	41.44	204	黄冈市	39.38
157	曲靖市	44.01	181	洛阳市	41.44	205	凉山彝族自治州	39.29
158	鄂州市	43.95	182	鹤岗市	41.32	206	酒泉市	39.29
159	石嘴山市	43.95	183	平顶山市	41.22	207	通辽市	39.19
160	新余市	43.72	184	昭通市	41.19	208	黔西南布依族苗族自治州	39.13
161	黔东南苗族侗族自治州	43.44	185	柳州市	41.12	209	松原市	39.09
162	河池市	43.41	186	许昌市	41.11	210	兰州市	39.03
163	天水市	43.23	187	随州市	41.11	211	阳泉市	38.89
164	哈尔滨市	43.02	188	茂名市	41.11	212	果洛藏族自治州	38.86
165	嘉峪关市	43.01	189	保山市	41.11	213	资阳市	38.69
166	遂宁市	42.92	190	七台河市	41.02	214	来宾市	38.65
167	定西市	42.92	191	辽源市	40.92	215	中山市	38.38
168	秦皇岛市	42.90	192	汕头市	40.92	216	大庆市	37.91
169	淮北市	42.90	193	厦门市	40.55	217	嘉兴市	37.89
170	商洛市	42.90	194	阿克苏地区	40.53	218	锡林郭勒盟	37.87
171	榆林市	42.75	195	怒江傈僳族自治州	40.19	219	株洲市	37.87
172	海西蒙古族藏族自治州	42.71	196	铜陵市	40.10	220	沈阳市	37.83
173	保定市	42.55	197	铜川市	39.86	221	克拉玛依市	37.76
174	忻州市	42.23	198	朔州市	39.85	222	吉安市	37.66
175	甘孜藏族自治州	42.19	199	烟台市	39.84	223	红河哈尼族彝族自治州	37.66
176	汕尾市	42.03	200	肇庆市	39.74	224	铁岭市	37.34
177	营口市	42.00	201	遵义市	39.65	225	陇南市	37.33

续表

排名	地市	指数	排名	地市	指数	排名	地市	指数
226	咸阳市	37.11	249	韶关市	32.92	272	马鞍山市	30.02
227	孝感市	37.07	250	宁德市	32.80	273	周口市	29.92
228	湘西土家族苗族自治州	37.04	251	巴彦淖尔市	32.72	274	宝鸡市	29.89
229	防城港市	36.84	252	上饶市	32.66	275	济南市	29.34
230	丽江市	36.39	253	临夏回族自治州	32.60	276	衢州市	29.13
231	玉林市	36.05	254	庆阳市	32.42	277	文山壮族苗族自治州	28.77
232	三门峡市	35.95	255	阿里地区	32.41	278	临沧市	28.77
233	葫芦岛市	35.68	256	赤峰市	32.20	279	东营市	28.63
234	焦作市	35.47	257	中卫市	32.15	280	宜昌市	28.62
235	滨州市	35.10	258	儋州市	32.08	281	塔城地区	28.56
236	唐山市	35.10	259	鸡西市	31.99	282	济宁市	28.12
237	海东市	35.07	260	攀枝花市	31.92	283	安阳市	28.05
238	山南市	34.85	261	呼伦贝尔市	31.84	284	那曲地区	27.77
239	乌鲁木齐市	34.53	262	广元市	31.39	285	大理白族自治州	27.77
240	大兴安岭地区	34.38	263	商丘市	31.39	286	运城市	27.36
241	呼和浩特市	34.20	264	莆田市	31.34	287	郑州市	27.20
242	台州市	34.05	265	北海市	31.06	288	四平市	27.18
243	白山市	34.01	266	衡水市	31.03	289	阜新市	26.85
244	景德镇市	33.87	267	绵阳市	30.85	290	阳江市	26.85
245	日照市	33.62	268	新乡市	30.81	291	淄博市	26.84
246	铜仁市	33.62	269	海南藏族自治州	30.62	292	伊犁州	26.84
247	自贡市	33.41	270	林芝市	30.30	293	泰安市	26.59
248	南平市	33.29	271	吴忠市	30.05	294	鄂尔多斯市	26.51

续表

排名	地市	指数	排名	地市	指数	排名	地市	指数
295	恩施土家族苗族自治州	26.43	306	崇左市	21.78	317	临汾市	12.92
296	乌海市	25.58	307	抚顺市	21.49	318	西双版纳傣族自治州	12.38
297	六盘水市	25.03	308	黑河市	21.02	319	安庆市	9.13
298	临沂市	24.83	309	伊春市	21.02	320	漯河市	9.13
299	本溪市	24.60	310	武威市	21.02	321	信阳市	9.13
300	拉萨市	24.07	311	濮阳市	19.94	322	邵阳市	9.13
301	阿勒泰地区	23.73	312	怀化市	19.94	323	贺州市	9.13
302	黄南藏族自治州	23.73	313	张掖市	17.71	324	巴中市	9.13
303	潮州市	23.19	314	南宁市	16.70	325	延安市	9.13
304	莱芜市	22.86	315	南通市	15.96	326	甘南藏族自治州	9.13
305	云浮市	22.44	316	枣庄市	14.47	327	桂林市	7.69

注：不列示无相应服务渠道的数据，省级自治区采用简称，下同。

附表 4－4 **地级市政府 APP 服务能力指数**

排名	地市	APP指数	排名	地市	APP指数	排名	地市	APP指数
1	宁波市	89.51	8	马鞍山市	68.58	15	曲靖市	62.86
2	黄石市	84.31	9	柳州市	66.55	16	银川市	61.51
3	佛山市	76.83	10	连云港市	66.29	17	自贡市	61.41
4	延边朝鲜族自治州	74.89	11	威海市	64.23	18	恩施土家族苗族自治州	61.01
5	泰州市	70.57	12	亳州市	64.13	19	洛阳市	60.80
6	孝感市	68.90	13	岳阳市	63.87	20	肇庆市	60.57
7	南京市	68.80	14	青岛市	63.71	20	兰州市	60.57

续表

排名	地市	APP指数	排名	地市	APP指数	排名	地市	APP指数
22	湛江市	60.17	48	铜陵市	50.26	74	广州市	44.00
23	福州市	59.55	49	宜昌市	50.16	75	平凉市	43.93
24	南充市	59.17	50	秦皇岛市	50.09	76	伊春市	43.82
25	咸宁市	58.67	51	凉山彝族自治州	50.07	77	武汉市	43.75
26	安阳市	58.38	52	朔州市	50.00	78	滨州市	43.28
27	西安市	58.09	53	六安市	49.97	79	厦门市	43.24
28	潮州市	57.58	54	克拉玛依市	49.06	80	黔南布依族苗族自治州	42.94
29	黄山市	56.54	55	盘锦市	48.45	81	嘉兴市	42.79
30	六盘水市	56.41	56	成都市	48.41	82	韶关市	42.65
31	怀化市	56.31	57	娄底市	47.87	83	乌兰察布市	42.45
32	台州市	56.08	58	抚州市	47.35	84	无锡市	42.27
33	安庆市	55.14	59	潍坊市	46.95	85	庆阳市	42.24
34	河源市	54.82	60	玉林市	46.26	86	郴州市	42.19
35	苏州市	54.02	61	雅安市	46.23	87	邢台市	41.89
36	三明市	53.69	62	哈尔滨市	46.12	88	遵义市	41.82
37	巴中市	53.51	63	绥化市	46.01	89	梅州市	41.70
38	蚌埠市	53.43	64	景德镇市	45.46	90	沈阳市	41.68
39	金华市	52.67	65	烟台市	45.38	91	通辽市	41.55
40	滁州市	52.56	66	邯郸市	45.33	91	巴彦淖尔市	41.55
41	荆州市	51.89	67	齐齐哈尔市	45.32	93	南通市	41.53
42	莆田市	51.77	68	常德市	44.85	94	泉州市	41.50
43	云浮市	51.51	69	益阳市	44.59	95	汉中市	41.42
44	广元市	51.10	70	鞍山市	44.40	96	本溪市	40.95
45	鄂州市	50.67	71	随州市	44.19	96	毕节市	40.95
46	衢州市	50.59	71	荆门市	44.19	98	赤峰市	40.20
47	黄冈市	50.27	73	汕头市	44.04	99	昆明市	40.07

续表

排名	地市	APP指数	排名	地市	APP指数	排名	地市	AFP指数
100	昭通市	40.07	123	阿拉善盟	36.72	146	济南市	31.84
101	丽江市	40.07	124	黑河市	36.72	147	张家口市	31.73
102	保山市	40.07	125	锡林郭勒盟	36.72	148	喀什地区	31.52
103	玉溪市	40.07	126	阳泉市	36.61	149	钦州市	31.52
104	临沧市	40.07	127	内江市	36.00	150	佳木斯市	31.23
105	普洱市	40.07	128	东营市	35.89	151	中山市	30.13
106	西双版纳傣族自治州	40.07	129	十堰市	35.70	152	宜春市	30.10
107	大理白族自治州	40.07	130	呼伦贝尔市	35.57	153	珠海市	30.05
108	德宏傣族景颇族自治州	40.07	131	焦作市	35.33	154	牡丹江市	29.96
109	怒江傈僳族自治州	40.07	132	衡水市	35.25	155	果洛藏族自治州	29.73
110	迪庆藏族自治州	40.07	133	乌海市	34.39	156	鸡西市	29.23
111	湖州市	40.04	134	楚雄彝族自治州	34.18	157	铁岭市	28.76
112	呼和浩特市	39.61	134	红河哈尼族彝族自治州	34.18	158	江门市	28.70
113	桂林市	39.38	136	铜仁市	33.15	159	昌吉回族自治州	28.65
114	文山壮族苗族自治州	38.89	136	那曲地区	33.15	160	开封市	28.46
115	榆林市	38.62	138	宿州市	32.83	161	三沙市	28.12
116	锦州市	38.55	139	嘉峪关市	32.68	162	襄樊市	28.04
117	商丘市	38.47	140	吐鲁番市	32.68	163	乐山市	27.48
118	双鸭山市	37.56	141	兴安盟	32.63	164	广安市	26.98
119	镇江市	37.49	142	漳州市	32.14	165	长沙市	26.39
120	达州市	37.16	143	徐州市	31.96	166	保定市	25.32
121	贵港市	37.11	143	宜宾市	31.96	167	鄂尔多斯市	24.63
122	攀枝花市	36.99	145	大庆市	31.92	168	常州市	24.34

续表

排名	地市	APP指数	排名	地市	APP指数	排名	地市	APP指数
169	哈密市	24.08	175	资阳市	17.87	181	惠州市	5.39
170	遂宁市	22.38	176	新乡市	17.36	182	衡阳市	4.40
171	濮阳市	22.38	177	鹤岗市	12.40	183	扬州市	3.28
172	营口市	21.69	178	海口市	7.97	184	防城港市	2.55
173	大兴安岭地区	21.58	179	德阳市	6.95	185	阜阳市	1.31
174	宁德市	19.08	180	泰安市	6.37	186	淮南市	1.31

附表4-5　**地级市政府电子服务能力综合指数**

排名	地市	指数	排名	地市	指数	排名	地市	指数
1	佛山市	78.77	16	银川市	65.18	31	福州市	61.72
2	宁波市	76.83	17	成都市	64.93	32	湖州市	61.70
3	岳阳市	76.09	18	滁州市	64.89	33	江门市	61.69
4	南京市	73.56	19	肇庆市	64.61	34	雅安市	61.25
5	威海市	70.31	20	延边朝鲜族自治州	63.80	35	中山市	61.02
6	广州市	69.57	21	泰州市	63.35	36	六盘水市	60.79
7	亳州市	69.50	22	平凉市	63.10	37	荆门市	60.65
8	青岛市	67.74	23	郴州市	62.79	38	汕头市	60.14
9	无锡市	67.12	24	梅州市	62.67	39	南充市	60.03
10	湛江市	66.86	25	柳州市	62.47	40	常德市	59.96
11	西安市	66.70	26	黄石市	62.32	41	珠海市	59.62
12	三明市	66.69	27	黔南布依族苗族自治州	62.27	42	嘉兴市	59.58
13	武汉市	66.20	28	连云港市	61.89	43	抚州市	59.56
14	咸宁市	65.66	29	泉州市	61.79	44	金华市	59.54
15	苏州市	65.49	30	十堰市	61.75	45	河源市	59.47

续表

排名	地市	指数	排名	地市	指数	排名	地市	指数
46	洛阳市	59.35	72	兰州市	55.29	98	舟山市	51.65
47	昆明市	59.35	73	温州市	55.27	99	娄底市	51.54
48	台州市	59.31	74	贵港市	55.23	100	马鞍山市	51.52
49	南昌市	58.23	75	阿拉善盟	55.06	101	安庆市	51.31
50	潍坊市	58.09	76	曲靖市	54.78	102	东营市	51.29
51	衢州市	57.98	77	铜仁市	54.66	103	玉林市	50.96
52	景德镇市	57.98	78	蚌埠市	54.66	104	朔州市	50.70
53	汉中市	57.90	79	徐州市	54.41	105	巴中市	50.69
54	宜昌市	57.79	80	达州市	54.25	106	宿迁市	50.62
55	鄂州市	57.43	81	惠州市	54.14	107	阜阳市	50.59
56	六安市	57.36	82	南通市	53.85	108	黄山市	50.56
57	凉山彝族自治州	57.29	83	常州市	53.82	109	韶关市	50.47
58	宜宾市	57.22	84	芜湖市	53.73	110	兴安盟	50.47
59	普洱市	56.96	85	萍乡市	53.64	111	乌兰察布市	50.45
60	漳州市	56.77	86	长沙市	53.59	112	随州市	50.35
61	潮州市	56.68	87	荆州市	53.42	113	钦州市	50.34
62	安阳市	56.56	88	鞍山市	53.29	114	贵阳市	50.06
63	内江市	56.49	89	哈尔滨市	53.15	115	楚雄彝族自治州	50.05
64	铜陵市	56.46	90	烟台市	53.01	116	昌吉回族自治州	49.93
65	宿州市	56.16	91	齐齐哈尔市	52.99	117	安康市	49.71
66	恩施土家族苗族自治州	56.08	92	自贡市	52.77	118	通辽市	49.62
67	锦州市	55.85	93	杭州市	52.42	119	玉溪市	49.28
68	孝感市	55.68	94	宜春市	52.02	120	赣州市	49.24
69	广元市	55.54	95	锡林郭勒盟	52.00	121	济南市	49.22
70	益阳市	55.53	96	邯郸市	51.74	122	赤峰市	49.15
71	黄冈市	55.30	97	乐山市	51.68	123	衡阳市	49.15

续表

排名	地市	指数	排名	地市	指数	排名	地市	指数
124	保山市	49.12	147	哈密市	47.27	170	茂名市	45.19
125	资阳市	49.09	148	东莞市	47.23	171	鹰潭市	45.18
126	佳木斯市	49.08	149	遂宁市	47.18	172	龙岩市	45.14
127	临沧市	49.04	150	广安市	47.16	173	张家口市	45.03
128	深圳市	49.03	151	克拉玛依市	46.99	174	秦皇岛市	44.99
129	毕节市	48.99	152	博尔塔拉蒙古自治州	46.91	175	呼和浩特市	44.92
130	襄樊市	48.93	153	保定市	46.66	176	嘉峪关市	44.78
131	合肥市	48.93	154	双鸭山市	46.47	177	镇江市	44.76
132	攀枝花市	48.70	155	绍兴市	46.46	178	鄂尔多斯市	44.75
133	邢台市	48.51	156	吐鲁番市	46.34	179	三亚市	44.68
134	巴彦淖尔市	48.36	157	焦作市	46.31	180	汕尾市	44.67
135	沈阳市	48.33	158	盐城市	46.18	181	大理白族自治州	44.65
136	长春市	48.25	159	淮安市	46.05	182	淮北市	44.50
137	滨州市	48.24	160	伊春市	46.04	183	泸州市	44.44
138	德州市	48.16	161	德阳市	45.98	184	海口市	44.38
139	厦门市	48.16	162	宁德市	45.97	185	盘锦市	44.30
140	清远市	48.11	163	新乡市	45.61	186	怀化市	44.29
141	遵义市	47.77	164	金昌市	45.53	187	黔西南布依族苗族自治州	44.25
142	衡水市	47.75	165	丽水市	45.52	188	云浮市	44.22
143	扬州市	47.67	166	昭通市	45.51	189	本溪市	44.17
144	淮南市	47.52	167	包头市	45.42	190	南宁市	44.09
145	晋城市	47.41	168	大庆市	45.27	191	濮阳市	43.85
146	黔东南苗族侗族自治州	47.33	169	商丘市	45.25	192	长治市	43.82

续表

排名	地市	指数	排名	地市	指数	排名	地市	指数
193	丽江市	43.68	217	宣城市	41.14	241	鸡西市	38.84
194	白银市	43.34	218	石家庄市	40.85	242	石嘴山市	38.70
195	七台河市	43.32	219	阳江市	40.76	243	儋州市	38.61
196	湘潭市	43.28	220	宝鸡市	40.63	244	甘孜藏族自治州	38.59
197	榆林市	43.03	221	株洲市	40.58	245	白山市	38.54
198	莆田市	42.93	222	咸阳市	40.41	246	北海市	38.43
199	菏泽市	42.89	223	池州市	40.33	247	郑州市	38.29
200	四平市	42.88	224	安顺市	40.07	248	阿克苏地区	38.20
201	唐山市	42.82	225	铜川市	40.01	249	陇南市	38.15
202	喀什地区	42.80	226	济宁市	39.96	250	怒江傈僳族自治州	38.15
203	黑河市	42.75	227	丹东市	39.92	251	承德市	38.06
204	九江市	42.62	228	酒泉市	39.59	252	固原市	37.88
205	庆阳市	42.51	229	平顶山市	39.52	253	绥化市	37.74
206	定西市	42.46	230	南阳市	39.51	254	防城港市	37.60
207	红河哈尼族彝族自治州	42.28	231	松原市	39.50	255	商洛市	37.60
208	大同市	42.15	232	牡丹江市	39.47	256	绵阳市	37.37
209	新余市	42.07	233	德宏傣族景颇族自治州	39.32	257	张家界市	37.35
210	廊坊市	42.02	234	阳泉市	39.24	258	吕梁市	37.26
211	日照市	41.92	235	拉萨市	39.22	259	永州市	37.22
212	揭阳市	41.79	236	沧州市	39.10	260	吉林市	37.12
213	南平市	41.77	237	梧州市	38.99	261	乌鲁木齐市	36.93
214	呼伦贝尔市	41.76	238	临沂市	38.92	262	通化市	36.79
215	西双版纳傣族自治州	41.72	239	临夏回族自治州	38.92	263	三门峡市	36.68
216	眉山市	41.30	240	乌海市	38.87	264	太原市	36.68

续表

排名	地市	指数	排名	地市	指数	排名	地市	指数
265	枣庄市	36.62	289	聊城市	33.04	313	信阳市	26.21
266	湘西土家族苗族自治州	36.47	290	文山壮族苗族自治州	32.97	314	阿勒泰地区	26.09
267	渭南市	36.35	291	海东市	32.82	315	那曲地区	25.62
268	天水市	36.34	292	玉树藏族自治州	32.80	316	阜新市	25.50
269	淄博市	36.23	293	河池市	32.70	317	山南市	25.46
270	迪庆藏族自治州	36.02	294	抚顺市	32.30	318	甘南藏族自治州	25.41
271	上饶市	35.89	295	和田地区	32.10	319	海北自治州	24.95
272	延安市	35.79	296	伊犁州	32.08	320	昌都市	24.03
273	克孜勒苏柯尔克孜自治州	35.79	297	来宾市	31.52	321	武威市	23.60
274	巴音郭楞州	35.50	298	日喀则市	31.48	322	海南藏族自治州	23.11
275	白城市	35.49	299	果洛藏族自治州	31.36	323	漯河市	22.44
276	许昌市	35.46	300	塔城地区	30.39	324	周口市	20.76
277	张掖市	35.28	301	黄南藏族自治州	30.37	325	吴忠市	20.66
278	泰安市	35.18	302	桂林市	29.72	326	中卫市	20.49
279	西宁市	34.93	303	鹤壁市	29.22	327	邵阳市	20.44
280	吉安市	34.72	304	晋中市	29.20	328	三沙市	19.87
281	忻州市	34.61	305	驻马店市	29.08	329	林芝市	19.58
282	辽源市	34.37	306	阿坝藏族羌族自治州	28.68	330	阿里地区	19.45
283	莱芜市	34.27	307	运城市	28.52	331	大连市	19.02
284	开封市	34.25	308	大兴安岭地区	28.23	332	临汾市	18.51
285	营口市	33.84	309	葫芦岛市	27.90	333	朝阳市	17.75
286	鹤岗市	33.84	310	辽阳市	27.47	334	贺州市	15.25
287	铁岭市	33.51	311	百色市	26.92			
288	海西蒙古族藏族自治州	33.37	312	崇左市	26.76			

附表 4 - 6 地级市政府电子服务能力“双微”指数

排名	地市	指数	排名	地市	指数	排名	地市	指数
1	南昌市	84.43	26	鞍山市	67.66	51	珠海市	63.11
2	广州市	76.82	27	清远市	66.56	52	博尔塔拉蒙古自治州	63.06
3	雅安市	74.78	28	常州市	66.42	53	银川市	63.06
4	宿迁市	74.36	29	平凉市	66.42	54	吕梁市	62.96
5	西安市	74.14	30	丹东市	66.39	55	石家庄市	62.84
6	杭州市	73.05	31	鹰潭市	66.35	56	泰州市	62.80
7	武汉市	72.91	32	九江市	65.90	57	宜春市	62.66
8	贵港市	72.65	33	黔南布依族苗族自治州	65.58	58	滁州市	62.32
9	芜湖市	71.79	34	长沙市	65.53	59	内江市	62.25
10	苏州市	71.73	35	潍坊市	65.38	60	哈密市	62.09
11	承德市	71.65	36	乐山市	65.29	61	哈尔滨市	62.04
12	佛山市	71.54	37	湖州市	65.25	62	克孜勒苏柯尔克孜自治州	62.00
13	惠州市	71.11	38	南京市	64.90	63	吐鲁番市	61.77
14	汉中市	70.47	39	宿州市	64.90	64	新余市	61.52
15	福州市	70.31	40	十堰市	64.89	65	抚州市	61.43
16	三明市	70.22	41	成都市	64.89	66	安康市	61.39
17	亳州市	69.61	42	萍乡市	64.66	67	齐齐哈尔市	60.79
18	宁波市	69.53	43	郴州市	64.65	68	赣州市	60.77
19	无锡市	69.40	44	宜宾市	64.37	69	江门市	60.66
20	昆明市	69.34	45	湛江市	64.35	70	大同市	60.63
21	威海市	68.47	46	衡阳市	63.91	71	东莞市	60.55
22	温州市	68.37	47	普洱市	63.83	72	合肥市	60.41
23	青岛市	68.07	48	南充市	63.75	73	舟山市	60.20
24	岳阳市	67.96	49	徐州市	63.57	74	连云港市	60.18
25	锦州市	67.87	50	深圳市	63.42	75	沧州市	60.10

续表

排名	地市	指数	排名	地市	指数	排名	地市	指数
76	吉林市	59.94	100	邢台市	57.32	124	眉山市	55.55
77	邯郸市	59.84	101	渭南市	57.24	125	襄樊市	55.51
78	固原市	59.74	102	扬州市	57.18	126	通化市	55.50
79	河源市	59.71	103	泸州市	57.18	127	天水市	55.28
80	阜阳市	59.48	104	白银市	57.14	128	宣城市	55.27
81	蚌埠市	59.42	105	长春市	57.13	129	佳木斯市	55.20
82	汕头市	59.30	106	晋城市	57.12	130	淮南市	55.13
83	池州市	59.24	107	柳州市	57.10	131	平顶山市	55.12
84	曲靖市	59.05	108	松原市	57.00	132	永州市	55.12
85	阿拉善盟	59.01	109	楚雄彝族自治州	56.91	133	遂宁市	55.01
86	泉州市	58.95	110	六安市	56.72	134	唐山市	54.97
87	丽水市	58.95	111	盐城市	56.71	135	资阳市	54.96
88	昌吉回族自治州	58.53	112	德州市	56.63	136	绍兴市	54.93
89	梅州市	58.31	113	三亚市	56.48	137	揭阳市	54.79
90	菏泽市	58.30	114	淮安市	56.39	138	铜川市	54.66
91	廊坊市	58.20	115	咸宁市	56.30	139	许昌市	54.65
92	保定市	58.19	116	铜陵市	56.18	140	延边朝鲜族自治州	54.51
93	张家口市	58.15	117	乌兰察布市	56.03	141	烟台市	54.48
94	海口市	58.11	118	包头市	56.02	142	凉山彝族自治州	54.33
95	玉树藏族自治州	57.88	119	达州市	55.95	143	荆州市	54.32
96	喀什地区	57.73	120	兰州市	55.82	144	广安市	54.22
97	常德市	57.70	121	德阳市	55.68	145	黄山市	54.03
98	洛阳市	57.51	122	太原市	55.68	146	兴安盟	53.94
99	和田地区	57.50	123	肇庆市	55.60	147	黔东南苗族侗族自治州	53.84

续表

排名	地市	指数	排名	地市	指数	排名	地市	指数
148	湘潭市	53.83	173	金昌市	59.94	198	榆林市	48.15
149	巴音郭楞州	53.70	174	河池市	59.84	199	西宁市	48.01
150	商洛市	53.64	175	巴彦淖尔市	59.74	200	忻州市	48.00
151	益阳市	53.49	176	攀枝花市	59.71	201	鄂尔多斯市	47.74
152	定西市	53.42	177	甘孜藏族自治州	59.48	202	四平市	47.54
153	长治市	53.40	178	白城市	59.42	203	衢州市	47.51
154	淮北市	53.13	179	三门峡市	59.30	204	锡林郭勒盟	47.51
155	贵阳市	53.12	180	嘉兴市	59.24	205	阿克苏地区	47.48
156	鄂州市	52.90	181	赤峰市	59.05	206	红河哈尼族彝族自治州	47.05
157	汕尾市	52.59	182	北海市	59.01	207	咸阳市	46.94
158	克拉玛依市	52.56	183	宜昌市	58.95	208	鸡西市	46.73
159	七台河市	52.51	184	石嘴山市	58.95	209	安顺市	46.68
160	孝感市	61.77	185	济南市	58.53	210	临沧市	46.64
161	荆门市	61.52	186	龙岩市	58.31	211	伊犁州	46.56
162	梧州市	61.43	187	随州市	58.30	212	酒泉市	46.48
163	商丘市	61.39	188	上饶市	49.33	213	通辽市	46.13
164	漳州市	60.79	189	保山市	49.32	214	景德镇市	46.11
165	大庆市	60.77	190	绵阳市	49.28	215	秦皇岛市	46.01
166	金华市	60.66	191	防城港市	49.23	216	铜仁市	45.94
167	聊城市	60.63	192	日照市	48.73	217	来宾市	45.81
168	日喀则市	60.55	193	辽源市	48.69	218	济宁市	45.77
169	中山市	60.41	194	茂名市	48.41	219	沈阳市	45.72
170	晋中市	60.20	195	海西蒙古族藏族自治州	48.28	220	白山市	45.64
171	吉安市	60.18	196	黔西南布依族苗族自治州	48.20	221	乌鲁木齐市	45.45
172	黄石市	60.10	197	双鸭山市	48.17	222	玉林市	45.29

续表

排名	地市	指数	排名	地市	指数	排名	地市	指数
223	台州市	44.83	247	临沂市	41.94	271	宁德市	37.11
224	郑州市	44.62	248	株洲市	41.87	272	巴中市	37.02
225	淄博市	44.61	249	南宁市	41.37	273	乌海市	36.61
226	呼和浩特市	44.58	250	东营市	41.13	274	钦州市	36.61
227	丽江市	44.44	251	海东市	41.12	275	张掖市	36.32
228	衡水市	44.37	252	抚顺市	41.01	276	安阳市	36.15
229	陇南市	44.33	253	韶关市	40.73	277	阳江市	36.11
230	黄冈市	44.15	254	朔州市	40.53	278	枣庄市	36.06
231	宝鸡市	44.02	255	广元市	40.07	279	黑河市	35.91
232	本溪市	43.91	256	濮阳市	39.74	280	儋州市	35.69
233	临夏回族自治州	43.89	257	伊春市	39.27	281	驻马店市	35.33
234	潮州市	43.84	258	湘西土家族苗族自治州	39.27	282	山南市	35.14
235	昭通市	43.48	259	新乡市	39.16	283	延安市	34.63
236	南平市	43.35	260	自贡市	39.00	284	西双版纳傣族自治州	34.54
237	滨州市	43.29	261	莱芜市	38.86	285	毕节市	34.03
238	嘉峪关市	43.27	262	安庆市	38.73	286	盘锦市	32.82
239	大理白族自治州	43.03	263	阿勒泰地区	38.67	287	鹤壁市	32.40
240	厦门市	42.93	264	南通市	38.65	288	百色市	32.11
241	拉萨市	42.87	265	塔城地区	38.48	289	开封市	31.04
242	呼伦贝尔市	42.52	266	玉溪市	38.39	290	牡丹江市	29.82
243	六盘水市	42.48	267	恩施土家族苗族自治州	38.03	291	辽阳市	29.69
244	运城市	42.27	268	焦作市	37.84	292	昌都市	29.64
245	南阳市	42.23	269	马鞍山市	37.33	293	张家界市	29.34
246	鹤岗市	42.03	270	泰安市	37.17	294	镇江市	28.83

续表

排名	地市	指数	排名	地市	指数	排名	地市	指数
295	娄底市	28.68	307	大兴安岭地区	21.16	319	阜新市	16.52
296	黄南藏族自治州	28.50	308	迪庆藏族自治州	20.28	320	云浮市	13.81
297	德宏傣族景颇族自治州	28.16	309	庆阳市	19.95	321	崇左市	13.41
298	阿坝藏族羌族自治州	26.54	310	阿里地区	19.95	322	武威市	12.94
299	营口市	25.85	311	中卫市	19.78	323	怀化市	12.27
300	绥化市	25.50	312	莆田市	19.29	324	临汾市	7.95
301	怒江傈僳族自治州	24.74	313	海南藏族自治州	18.84	325	漯河市	5.62
302	遵义市	24.40	314	林芝市	18.64	326	信阳市	5.62
303	阳泉市	23.93	315	吴忠市	18.49	327	邵阳市	5.62
304	果洛藏族自治州	23.92	316	周口市	18.41	328	贺州市	5.62
305	铁岭市	22.98	317	文山壮族苗族自治州	17.71	329	甘南藏族自治州	5.62
306	葫芦岛市	21.96	318	那曲地区	17.09	330	桂林市	4.73

附表 4-7 **地级市政府电子服务能力新媒体指数**

排名	地市	指数	排名	地市	指数	排名	地市	指数
1	宁波市	78.21	7	岳阳市	66.17	13	延边朝鲜族自治州	63.36
2	佛山市	73.83	8	泰州市	66.17	14	三明市	63.02
3	亳州市	67.22	9	青岛市	66.17	15	连云港市	62.83
4	西安市	67.16	10	黄石市	65.73	16	广州市	62.54
5	威海市	66.61	11	福州市	65.62	17	湛江市	62.53
6	南京市	66.59	12	苏州市	64.02	18	银川市	62.38

续表

排名	地市	指数	排名	地市	指数	排名	地市	指数
19	雅安市	62.36	43	黄山市	55.11	67	宜宾市	50.27
20	南充市	61.75	44	哈尔滨市	55.11	68	乌兰察布市	50.12
21	柳州市	61.20	45	郴州市	54.88	69	宜昌市	49.89
22	曲靖市	60.70	46	湖州市	54.28	70	徐州市	49.81
23	武汉市	60.22	47	齐齐哈尔市	54.06	71	潮州市	49.81
24	孝感市	59.62	48	六安市	53.78	72	台州市	49.72
25	洛阳市	58.93	49	铜陵市	53.6	73	益阳市	49.62
26	滁州市	58.07	50	邯郸市	53.52	74	阿拉善盟	49.31
27	兰州市	57.88	51	普洱市	53.49	75	吐鲁番市	49.12
28	汉中市	57.83	52	荆州市	53.26	76	衢州市	48.84
29	肇庆市	57.75	53	汕头市	52.66	77	乐山市	48.84
30	成都市	57.71	54	凉山彝族自治州	52.47	78	荆门市	48.84
31	无锡市	57.59	55	金华市	52.23	79	自贡市	48.74
32	河源市	57.58	56	十堰市	52.2	80	珠海市	48.73
33	鞍山市	57.54	57	常德市	52.11	81	六盘水市	48.53
34	潍坊市	57.36	58	鄂州市	51.92	82	长沙市	48.5
35	咸宁市	57.32	59	泉州市	51.36	83	宜春市	48.49
36	贵港市	57.19	60	梅州市	51.08	84	常州市	48.12
37	蚌埠市	56.81	61	克拉玛依市	51.03	85	恩施土家族苗族自治州	48.02
38	平凉市	56.63	62	宿州市	50.95	86	秦皇岛市	47.78
39	昆明市	56.61	63	马鞍山市	50.91	87	达州市	47.78
40	黔南布依族苗族自治州	55.73	64	内江市	50.83	88	南昌市	47.71
41	抚州市	55.3	65	邢台市	50.61	89	随州市	47.16
42	锦州市	55.11	66	烟台市	50.52	90	楚雄彝族自治州	47.02

续表

排名	地市	指数	排名	地市	指数	排名	地市	指数
91	嘉兴市	46.84	115	保定市	43.89	139	芜湖市	40.57
92	黄冈市	46.8	116	临沧市	43.78	140	承德市	40.49
93	巴彦淖尔市	46.79	117	襄樊市	43.56	141	衡水市	40.4
94	江门市	46.76	118	双鸭山市	43.55	142	铜仁市	40.38
95	张家口市	46.66	119	漳州市	43.51	143	南通市	39.89
96	喀什地区	46.33	120	大庆市	43.41	144	盘锦市	39.61
97	商丘市	46.27	121	滨州市	43.28	145	呼伦贝尔市	39.49
98	安庆市	45.86	122	厦门市	43.06	146	玉溪市	39.12
99	景德镇市	45.82	123	锡林郭勒盟	42.81	147	鸡西市	39.11
100	安阳市	45.81	124	本溪市	42.62	148	东营市	38.84
101	玉林市	45.71	125	丽江市	42.53	149	资阳市	38.83
102	赤峰市	45.70	126	惠州市	42.52	150	嘉峪关市	38.66
103	哈密市	45.55	127	呼和浩特市	42.41	151	温州市	38.64
104	昌吉回族自治州	45.53	128	广安市	42.37	152	衡阳市	38.03
105	保山市	45.3	129	中山市	42.23	153	鄂尔多斯市	37.71
106	广元市	44.86	130	宿迁市	42.02	154	清远市	37.61
107	佳木斯市	44.77	131	昭通市	41.99	155	丹东市	37.52
108	兴安盟	44.67	132	济南市	41.81	156	鹰潭市	37.49
109	朔州市	44.65	133	大理白族自治州	41.74	157	九江市	37.24
110	攀枝花市	44.58	134	韶关市	41.56	158	毕节市	37.04
111	巴中市	44.18	135	红河哈尼族彝族自治州	41.45	159	娄底市	37.02
112	通辽市	44.13	136	杭州市	41.28	160	西双版纳傣族自治州	36.94
113	榆林市	44.00	137	伊春市	41.24	161	焦作市	36.74
114	沈阳市	43.96	138	遂宁市	40.82	162	萍乡市	36.54

续表

排名	地市	指数	排名	地市	指数	排名	地市	指数
163	海口市	36.3	186	池州市	33.48	209	太原市	31.46
164	黑河市	36.26	187	莆田市	33.41	210	怀化市	31.42
165	深圳市	35.83	188	德宏傣族景颇族自治州	33.34	211	怒江傈僳族自治州	31.4
166	乌海市	35.64	189	丽水市	33.31	212	眉山市	31.39
167	博尔塔拉蒙古自治州	35.63	190	菏泽市	32.94	213	通化市	31.36
168	吕梁市	35.58	191	廊坊市	32.89	214	天水市	31.24
169	石家庄市	35.51	192	玉树藏族自治州	32.71	215	宣城市	31.23
170	克孜勒苏柯尔克孜自治州	35.03	193	镇江市	32.6	216	平顶山市	31.15
171	新余市	34.76	194	和田地区	32.49	217	永州市	31.15
172	安康市	34.69	195	渭南市	32.34	218	唐山市	31.06
173	德阳市	34.49	196	泸州市	32.31	219	绍兴市	31.04
174	绥化市	34.42	197	白银市	32.29	220	揭阳市	30.96
175	钦州市	34.39	198	长春市	32.28	221	铜川市	30.89
176	赣州市	34.34	199	晋城市	32.28	222	许昌市	30.88
177	大同市	34.26	200	松原市	32.21	223	黔东南苗族侗族自治州	30.42
178	东莞市	34.22	201	濮阳市	32.19	224	湘潭市	30.42
179	阜阳市	34.18	202	盐城市	32.05	225	巴音郭楞州	30.35
180	合肥市	34.13	203	德州市	32	226	商洛市	30.31
181	舟山市	34.02	204	遵义市	31.97	227	云浮市	30.2
182	沧州市	33.96	205	三亚市	31.92	228	定西市	30.19
183	吉林市	33.87	206	淮安市	31.87	229	长治市	30.18
184	固原市	33.76	207	淮南市	31.72	230	淮北市	30.02
185	扬州市	33.74	208	包头市	31.66	231	贵阳市	30.02

续表

排名	地市	指数	排名	地市	指数	排名	地市	指数
232	开封市	29.92	256	上饶市	27.88	280	陇南市	25.05
233	牡丹江市	29.88	257	绵阳市	27.85	281	宝鸡市	24.87
234	汕尾市	29.72	258	日照市	27.54	282	临夏回族自治州	24.8
235	新乡市	29.68	259	辽源市	27.51	283	南平市	24.49
236	七台河市	29.67	260	茂名市	27.36	284	拉萨市	24.22
237	庆阳市	29.64	261	海西蒙古族藏族自治州	27.28	285	那曲地区	24.08
238	梧州市	29.58	262	黔西南布依族苗族自治州	27.24	286	营口市	24.04
239	阳泉市	29.44	263	西宁市	27.13	287	运城市	23.89
240	宁德市	29.26	264	忻州市	27.12	288	南阳市	23.86
241	聊城市	29.16	265	文山壮族苗族自治州	26.92	289	泰安市	23.77
242	鹤岗市	29.14	266	四平市	26.86	290	临沂市	23.7
243	日喀则市	29.13	267	阿克苏地区	26.83	291	株洲市	23.66
244	晋中市	29.12	268	咸阳市	26.53	292	南宁市	23.38
245	吉安市	29.1	269	果洛藏族自治州	26.44	293	海东市	23.24
246	金昌市	29.02	270	安顺市	26.38	294	抚顺市	23.17
247	防城港市	28.93	271	伊犁州	26.31	295	湘西土家族苗族自治州	22.19
248	迪庆藏族自治州	28.88	272	酒泉市	26.27	296	莱芜市	21.96
249	河池市	28.85	273	来宾市	25.89	297	阿勒泰地区	21.85
250	甘孜藏族自治州	28.36	274	济宁市	25.86	298	塔城地区	21.74
251	白城市	28.35	275	白山市	25.79	299	大兴安岭地区	21.34
252	三门峡市	28.32	276	乌鲁木齐市	25.68	300	张掖市	20.52
253	北海市	28.17	277	铁岭市	25.49	301	阳江市	20.41
254	石嘴山市	28.08	278	郑州市	25.21	302	枣庄市	20.37
255	龙岩市	27.95	279	淄博市	25.2	303	儋州市	20.17

续表

排名	地市	指数	排名	地市	指数	排名	地市	指数
304	驻马店市	19.97	314	阿坝藏族羌族自治州	14.99	324	崇左市	7.58
305	山南市	19.86	315	葫芦岛市	12.41	325	武威市	7.31
306	桂林市	19.8	316	三沙市	12.23	326	临汾市	4.49
307	延安市	19.57	317	阿里地区	11.27	327	漯河市	3.18
308	鹤壁市	18.31	318	中卫市	11.18	328	信阳市	3.18
309	百色市	18.15	319	海南藏族自治州	10.65	329	邵阳市	3.18
310	辽阳市	16.78	320	林芝市	10.54	330	贺州市	3.18
311	昌都市	16.75	321	吴忠市	10.45	331	甘南藏族自治州	3.18
312	张家界市	16.58	322	周口市	10.41			
313	黄南藏族自治州	16.1	323	阜新市	9.34			

附录5　国务院部委电子服务能力测评标准

附表5－1　　　　　　　　　政务网站测评标准

信息服务能力	
1. 有用实用	（1）机构职能介绍完整、清晰，有完整的职能简介、负责人、联系方式、地址信息等，得5分；缺1项扣2分。（2）环境保护或医疗卫生方面发布的官方报告，题目与内容相吻合，有结论，有数据佐证，有参考价值，得5分；缺1项扣2分。计算公式：取（1）（2）平均分
2. 来源权威	在政府网站首页任选10条信息，统计信息来源于“官方第一手资料”或者“标明转载出处”的信息数目 n（多个栏目，随机抽取样本）。计算公式：$n/2$
3. 时间效度	选择政府网站主页“今日要闻”“热点动态”“要闻动态”等能代表工作日当天信息的栏目。计算方法：信息发布的最新日期为当天的得5分，最新日期为昨日（2天）的得4分，发布最新日期3天前的为3分，4—5天前的为2分，6—14天前的为1分，14天及以上的为0分
4. 易得可得	在政府网站首页任选10条信息，统计可以正确打开并能看到完整内容的链接数目 n（如测试过程发现任何死链接，本项扣1分，标注死链接数）。计算公式：$n/2$
事务服务能力	
1. 公众（个人）办事	在政府网站“公众办事”“便民服务”（或类似栏目）选择一个办事项目，有清晰办事流程说明、能完成服务全程办理。具体测试：以“婚姻登记”为例，若办事指南、信息录入、预约、支付、查询均可线上完成，得5分；实现1项，得1分。需要注册的步骤可视为实现

续表

2. 企业（法人）办事	在政府网站“企业办事”（或类似栏目）中选择一个办事项目，看其是否有清晰办事流程说明、是否能完成整个服务的全程办理。具体测试：以“有限责任公司设立（或内资公司登记、设立等表述）”的办理为例，若办事指南、预约、申请、支付、查询均可线上完成，得 5 分；实现 1 项，得 1 分
3. 全程办理率	在政府网站“公众办事”“法人办事”（或类似栏目）任选 10 个办事项目，统计能完成全程办理的服务数量。说明：引导至登录、注册界面，视为可全程办理，有特殊要求必须到现场办理，又提供清晰“办事指南”的视为可全程办理。计算公式：$n/2$
参与服务能力	
1. 参与管理	通过“省长信箱”“市长信箱”进行咨询，有（1）省长、市长职责介绍、（2）写信须知（注意事项）、（3）注册协议、（4）写信界面、（5）查询或公开等功能。以上功能实现 1 项得 1 分，功能合并的按总分计算
2. 参与回应	对上例测评对象分两个周期进行测试，一个周期为 1 周，24 小时内回复的得 5 分，24—48 小时内回复的得 4 分，48—72 小时内回复的得 3 分，72—96 小时内回复的得 2 分，96—168 小时内回复的得 1 分，超过 168 个小时仍未回复的得 0 分
3. 参与反馈	对上例反馈结果进行分析，给予正面、充分回应的得 5 分，推至其他职能部门或人的得 1 分，未收到回应的得 0 分；基于正面回应的程度判定得 2—4 分
服务提供能力	
1. 便捷易用	政府网站（1）有明确的导航条或导航栏；（2）按用户类型对服务事项进行了划分，比如分为个人与法人，公众与企业；（3）二级类目按事项类型进行归类，比如“个人服务”中按教育、就业、社保等进行了分类整理，“法人服务”按资质认定、经营纳税等进行了分类整理。以上功能实现 1 项得 1 分，实现 2 项得 3 分，实现 3 项得 5 分
2. 公平	政府网站功能支持（1）多种语言，如繁体中文、英文、日文等；（2）辅助老人、盲人使用，支持语音、读屏功能；（3）对硬软件性能无特别要求（主要考虑低收入人群的使用）；（4）帮助功能简单易用、流程清楚。以上功能只实现 1 项得 2 分，每多 1 项加 1 分

续表

3. 稳定可靠	访问政府网站的时候，（1）网址 3 次访问均能打开；（2）首页各类内容、元素均能正常显示；（3）相应二级页面 3 次测试均能打开；（4）外部链接 3 次测试均能打开；（5）多语言版本、搜索功能等辅助功能均能使用。以上功能实现 1 项得 1 分
服务创新能力	
1. 采纳能力	政府网站有（1）联系我们、（2）网站纠错、（3）网站评价等类似功能，测试并给出回应。测试周期为 1 周，给予正面、充分回应的得 5 分，未收到回应的得 0 分；基于正面回应的程度判定得 2—4 分（统一设计咨询内容）
2. 分享传播能力	是否有分享到社交平台功能？在首页从不同栏目中随机打开 5 条信息，统计具备分享到社交平台功能的信息数目。无此功能 0 分

附表 5－2 **政务微博测评标准**

服务提供能力	
1. 发布时长	是否有政务微博？如无，0 分；如有，2015 年开通得 1 分；2014 年开通得 2 分；2013 年开通得 3 分；2012 年开通得 4 分；2011 年及更早开通得 5 分
微博影响力	
1. 受众规模	政务微博粉丝数排名（排名前 10% 得 5 分；排名前 20% 得 4 分；排名前 30% 得 3 分；排名前 50% 得 2 分；其余得 1 分）
2. 信息规模	政务微博日均微博数（排名前 10% 得 5 分；排名前 20% 得 4 分；排名前 30% 得 3 分；排名前 50% 得 2 分；其余得 1 分）
3. 活跃度	政务微博原创微博率（排名前 10% 得 5 分；排名前 20% 得 4 分；排名前 30% 得 3 分；排名前 50% 得 2 分；其余得 1 分）
4. 交互性	人均点赞数通过排名给予得分、转发数通过排名给予得分、评论排名给予得分的均值

续表

信息服务能力	
1. 有用实用	选择 10 条微博，统计其中转/赞/评均不为 0 的微博数与非鸡汤类、感叹类的微博数 n，计算公式：$n/4$
2. 来源权威	选择 10 条事实类（鸡汤类、常识类除外）微博，统计有信息来源（来源可能出现在文字或图片中，方式有：@ 某账号，正文标明来源、图片标明来源等）的微博数（原创微博可认为是权威的），计算公式：$n/2$
3. 时间效度	进入官方微博主页，选择“全部”微博，查看最近一条微博时间，计算与测评时的时间差。计分方法：如果差额为 24 小时内得分为 5，差额 24—48 小时得分为 4，差额 48—72 小时得分为 3，差额 72—120 小时得分为 2，差额 120 小时以上得分为 1）
4. 易得可得	进入官方微博主页，任意点击 10 个超链接，统计可以正确点开并看到完整内容的链接数目 n。计算公式：$n/2$
服务创新能力	
1. 采纳能力	微博内容包括图片、视频、音乐、链接等元素（在高级搜索中进行勾选即可查看），计分方法：有 1 个得 1 分，有 4 个得 5 分
2. 分享传播能力	进入主页，搜索“微信”，查看是否有政务微信的推广或功能介绍（不局限于微博高级搜索，能够看到微信推广内容就得分）。计分方法：若没有，得 0 分；若有对政府官方微信的推广或功能介绍，加 3 分；若有对职能部门（如公安、交警、医疗等）微信的推广或功能介绍，加 2 分

附表 5－3　**政务微信测评标准**

信息服务能力	
1. 有用实用	政务微信推送的信息中有企业、公众所需的或密切关注的内容吗？有，5 分；无，0 分
2. 来源权威	政务微信推送的信息内容都属于按照《政府信息公开条例》产生的第一手资料或其他来源明确的官方资料吗？选 10 条推送信息，统计有明确权威来源的推文数目。计算公式：$n/2$

续表

3. 时间效度	政务微信推送的信息都是在信息有效期内第一时间向社会发布的吗？查看政务微信历史消息，计算最近一条推文的发布日期与测评时的时间差。如果差额为0（24小时内）得分为5，差额为1（24—48小时）得分为4，差额为2（48—72小时）得分为3，差额3—4得分为2，差额5天以上得分为1）
4. 易得可得	通过政务微信查询相关信息的成功率高吗？测试所有快捷菜单（包括子菜单）是否可以正确打开并有相应内容（如无菜单，则任选10条历史信息测试是否可以正确打开并看到完整内容）。统计无效的菜单或者链接数目，1条0.5分，10条0分。后采用计算公式：(10—n）/2
事务服务能力	
1. 效率与效果	使用政务微信是否可以快速找到事务服务入口？是否有清晰的办事流程？是否可以全程网上办理？是否可以获知事务处理进度？（1）通过自动回复提示或通过快捷菜单可以进入服务入口得1分；（2）有清晰的办事流程说明得1分；（3）可以全程网上办理得2分；（4）可以获知事务处理进度得1分。计算总得分，功能合并的按总分计算（尽量测试全部事务服务内容，有1项服务符合以上事项即可得分）
参与服务能力	
1. 参与管理	（1）有无市长信箱；（2）有无意见征集；（3）有无网上调查；（4）有无互动留言；（5）有无12345热线；（6）有无其他：如有，注明该栏目名称。满分6分，进行5分制转化
服务提供能力	
1. 便捷易用	（1）有快捷菜单；（2）快捷菜单有二级菜单；（3）有有用的自动回复（有助于指导用户完成相关事项）；（4）有人工回复。以上功能实现1项计1分，实现2项计2分，实现3项计3分，实现3项以上计5分
微信影响力	
1. 受众规模	分别统计政务微信历史消息中第三期推送第一、第二、第三条推文的点赞量与阅读数之和，分别根据排名给出得分 X 与 Y（排名前10%得5分；排名前20%得4分；排名前30%得3分；排名前50%得2分；其余得1分），取平均（可顺延）：$(X+Y)/2$
2. 信息规模	统计政务微信最近三期的推文总数，根据得分给予排名（排名前10%得5分；排名前20%得4分；排名前30%得3分；排名前50%得2分；其余得1分）

附表 5－4　**政务 APP 测评标准**

服务提供能力	
1. 渠道面	是否有 APP？如无，得 0 分，本项调查结束；如有，但只有 Android 或 iOS 版中的一种，得 2 分；如有，且 Android 和 iOS 版都有，得 5 分
2. 覆盖面	纯信息服务，得 1 分；除信息服务外，有政府官方网站上部分事务服务、参与服务功能，但不全，得 2—4 分；与政府官方网站功能基本一致，可提供信息服务、事务服务、参与服务等，得 5 分
3. 易得性	官网首页有下载提示（链接、二维码均可）且可正常下载，得 3 分；可在主流电子市场（Android：应用宝、360 手机助手、小米、华为、百度手机助手、91、豌豆荚、安智、历趣、沃商店；iOS：APP Store）任一个下载到，加 2 分
4. 稳定可靠	判断是否可以正常使用，满分 5 分。无法打开，得 0 分；出现闪退或卡顿 2 次及以上，扣 2 分；无法打开部分栏目、内容，或点击按钮等操作无响应，根据严重情况，扣 1—2 分；屏幕分辨率适配度，如显示严重异常，扣 1 分
5. 易用性	测评是否可以方便找到并浏览信息。界面符合用户对 APP 的使用习惯，无学习门槛，加 1 分；有搜索功能，加 1 分；有收藏功能，加 1 分；有字体大小自适应调节功能，加 1 分；有四项可得满分 5 分
6. 使用反馈	有无对 APP 使用意见的反馈功能：有，5 分；无，0 分
7. 社交性	测评是否有分享到社交平台功能？如有分享本 APP 到社交平台的功能，加 2 分；如有分享信息、资讯到社交平台的功能加 3 分
信息服务能力	
1. 有用实用	测评机构职能介绍是否完整、清晰：有完整的职能简介、负责人、联系方式、地址信息，得 5 分；缺 1 项扣 2 分；无此项 0 分
2. 来源权威	测评政府官方 APP 发布的信息内容是否都属于第一手资料或其他来源明确的官方资料。在政府官方 APP 首页任选 10 条信息，统计信息来源于“官方第一手资料”或者“标明转载出处”的信息数目 n。计算公式：$n/2$

续表

3. 时间效度	测试信息是否都是在信息有效期内第一时间向社会发布。选择政府官方 APP 主页“今日要闻”“热点动态”“要闻动态”等能代表“工作日”当天信息的栏目。计算方法：如果当天发布信息的得 5 分，2 天的 4 分，3 天的 3 分，4 天的为 2 分，5 天及以上为 1 分
4. 易得可得	任选 10 条政府官方 APP 发布的信息，统计可以正确点开并看到完整内容的链接数目 n。计算公式：$n/2$
事务服务能力	
1. 效率与效果	测试政府官方 APP“公众办事”（选择“挂号”类似事项）、“法人办事”（选择“增值税专用发票最高开票限额审批”或类似事项），以是否有清晰办事流程说明、是否能全程网上办理为测评标准：（1）如有办事指南信息，得 2 分；（2）如有任一项目可以实现全流程在线办理，得 5 分；（3）如无此项服务，得 0 分
参与服务能力	
1. 参与管理	通过“省长信箱”“市长信箱”“政府热线”“12345”等进行咨询，有（1）职责介绍、（2）写信须知（注意事项）、（3）注册协议、（4）写信界面、（5）查询或公开等功能。以上功能实现 1 项得 1 分，功能合并的按总分计算。如无此项服务能力，本主题下各指标均得 0 分
2. 参与回应	对上例测评对象分两个周期进行测试，1 个周期为 1 周，24 小时内回复的得 5 分，24—48 小时回复的得 4 分，48—72 小时回复的得 3 分，72—96 小时回复的得 2 分，96—168 小时回复的得 1 分，超过 168 个小时仍未回复的得 0 分（测试开始时间统一为周一早上 9 点）
3. 参与反馈	对上例反馈结果进行分析，给予正面、充分回应的得 5 分，推至其他职能部门或人的得 1 分，未收到回应的得 0 分；基于正面回应的程度判定得 2—4 分

附录6　国务院部委电子服务能力测评样本

附表6－1　　　　　　　　　国务院部委政务网站

部委	采集数据源（网址）	部委	采集数据源（网址）
外交部	http：//www. fmprc. gov. cn/mfa_ chn/	机关事务局	http：//www. ggj. gov. cn/
发改委	http：//www. ndrc. gov. cn/	税务总局	http：//www. chinatax. gov. cn/
科技部	http：//www. most. gov. cn/	质督总局	http：//www. aqsiq. gov. cn/
民族事委	http：//www. seac. gov. cn/	体育总局	http：//www. sport. gov. cn/
民政部	http：//www. mca. gov. cn/	食药监总局	http：//www. sda. gov. cn/WS01/CL0001/
财政部	http：//www. mof. gov. cn/	国家林业局	http：//www. forestry. gov. cn/
国土资源部	http：//www. mlr. gov. cn/	国家旅游局	http：//www. cnta. gov. cn/
住建部	http：//www. mohurd. gov. cn/	参事室	http：//www. counsellor. gov. cn/
水利部	http：//www. mwr. gov. cn/	侨务办	http：//www. gqb. gov. cn/
商务部	http：//www. mofcom. gov. cn/	法制办	http：//www. chinalaw. gov. cn/
卫计委	http：//www. nhfpc. gov. cn/	港澳事务办	http：//www. hmo. gov. cn/
审计署	http：//www. audit. gov. cn/	国家地震局	http：//www. cea. gov. cn/
国防部	http：//www. mod. gov. cn/	银监会	http：//www. cbrc. gov. cn/
教育部	http：//www. moe. gov. cn/	保监会	http：//www. circ. gov. cn/
工信部	http：//www. miit. gov. cn/	国家气象局	http：//www. cma. gov. cn/
公安部	http：//www. mps. gov. cn/	证监会	http：//www. csrc. gov. cn/

续表

部委	采集数据源（网址）	部委	采集数据源（网址）
监察部	http：//www. ccdi. gov. cn/	国家信访局	http：//www. gjxfj. gov. cn/
司法部	http：//www. moj. gov. cn/	国家能源局	http：//www. nea. gov. cn/
人社部	http：//www. mohrss. gov. cn/	国家烟草专卖局	http：//www. tobacco. gov. cn/
环保部	http：//www. mep. gov. cn/	国家公务员局	http：//www. scs. gov. cn/
交通运输部	http：//www. moc. gov. cn/	测绘地信局	http：//www. sbsm. gov. cn/
农业部	http：//www. moa. gov. cn/	民航局	http：//www. caac. gov. cn/
文化部	http：//www. mcprc. gov. cn/	国家文物局	http：//www. sach. gov. cn/
央行	http：//www. pbc. gov. cn/	国家外汇管理局	http：//www. safe. gov. cn/
国有资产监委会	http：//www. sasac. gov. cn/	国家粮食局	http：//www. chinagrain. gov. cn/
海关总署	http：//www. customs. gov. cn/	国家国防科工局	http：//www. sastind. gov. cn/
工商总局	http：//www. saic. gov. cn/	国家外国专家局	http：//www. safea. gov. cn/
广电总局	http：//www. sapprft. gov. cn/	国家海洋局	http：//www. soa. gov. cn/
安全管理总局	http：//www. chinasafety. gov. cn/	国家铁路局	http：//www. nra. gov. cn/
国家统计局	http：//www. stats. gov. cn/	国家邮政局	http：//www. spb. gov. cn/
国家知识产权局	http：//www. sipo. gov. cn/	国家中医药局	http：//www. satcm. gov. cn/
国家宗教事务局	http：//www. sara. gov. cn/	国家煤监局	http：//www. chinacoal-safety. gov. cn/mkaj/

附表 6－2　　国务院部委政务微博

部委	采集数据源（名称）	部委	采集数据源（名称）
外交部	外交小灵通	机关事务局	无
发改委	国家发改委	税务总局	国家税务总局
科技部	锐科技	质督总局	中国质量新闻网
民族事委	无	体育总局	无
民政部	民政微语	食药监总局	中国食品药品监管
财政部	无	国家林业局	中国林业发布
国土资源部	国土资源部门户网站	国家旅游局	中国旅游
住建部	无	参事室	无
水利部	无	侨务办	无
商务部	商务微新闻	法制办	无
卫计委	健康中国	港澳事务办	无
审计署	无	中国地震局	中国地震台网速报
国防部	国防部发布	银监会	无
教育部	教育部新闻办公室官方微博	保监会	保监微新闻
工信部	工信微报	中国气象局	中国气象局
公安部	公安部打四黑除四害	证监会	证监会发布
监察部	无	国家信访局	无
司法部	中国普法	国家能源局	无
人社部	无	国家烟草专卖局	无
环保部	中国环境宣传教育	公务员局	无
交通运输部	无	测绘地信局	国家测绘地信局
农业部	无	民航局	中国民航网—新闻中心
文化部	国家税务总局	国家文物局	中国文博
央行	央行微播	国家外汇管理局	外汇局发布
国有资产监委会	国资小新	国家粮食局	无
海关总署	海关发布	国家国防科工局	无

续表

部委	采集数据源（名称）	部委	采集数据源（名称）
工商总局	无	国家外国专家局	中华人民共和国国家外国专家局
广电总局	无	国家海洋局	南海预报中心
安全管理总局	国家安全监管总局	国家铁路局	铁道政言
国家统计局	中国统计	国家邮政局	国家邮政快递报
国家知识产权局	无	国家中医药局	无
国家宗教事务局	无	国家煤监局	无

附表 6－3　**国务院部委政务微信**

部委	采集数据源（公众号）	部委	采集数据源（公众号）
外交部	外交小灵通	机关事务局	无
发改委	国家发改委	税务总局	国家税务总局
科技部	锐科技	质督总局	中国质量新闻网
民族事委	国家民委	体育总局	无
民政部	中国民政	食药监总局	中国食事要闻
财政部	财政部	国家林业局	中国林业网
国土资源部	国土资源部门户网站	国家旅游局	国家旅游局
住建部	无	参事室	无
水利部	无	侨务办	无
商务部	商务部微新闻	法制办	无
卫计委	健康中国	港澳事务办	无
审计署	审计署	中国地震局	无
国防部	国防部发布	银监会	无
教育部	微言教育	保监会	保监微新闻
工信部	工信微报	中国气象局	中国气象局
公安部	公安部交通安全微发布	证监会	证监会发布
监察部	中央纪委监察部网站	国家信访局	无

续表

部委	采集数据源（公众号）	部委	采集数据源（公众号）
司法部	中国普法	国家能源局	国家能源局
人社部	人社 12333	国家烟草专卖局	无
环保部	中国环境宣传教育	公务员局	无
交通运输部	无	测绘地信局	国家测绘地信局
农业部	无	民航局	中国民航网
文化部	中国文化网	国家文物局	国家文物局
央行	征信小助手	国家外汇管理局	外汇局发布
国有资产监委会	国资小新	国家粮食局	国家粮食交易中心
海关总署	海关发布	国家国防科工局	无
工商总局	国家工商总局	国家外国专家局	引智中国
广电总局	国家新闻出版广电总局门户网站	国家海洋局	国家海洋局南海预报中心
安全管理总局	国家安全监管总局	国家铁路局	无
国家统计局	统计微讯	国家邮政局	邮研网
国家知识产权局	国家知识产权局	国家中医药局	中国中医
国家宗教事务局	无	国家煤监局	无

附表 6－4　**国务院部委政务 APP**

部委	采集数据源（名称）	部委	采集数据源（名称）
外交部	外交部	机关事务局	无
发改委	发展改革委	税务总局	国家税务总局
科技部	无	质督总局	国家质检总局
民族事委	无	体育总局	国家体育总局
民政部	民政部网站	食药监总局	中国食药监管
财政部	财政部新闻	国家林业局	中国林业网

续表

部委	采集数据源（名称）	部委	采集数据源（名称）
国土资源部	国土资源部	国家旅游局	无
住建部	无	参事室	无
水利部	无	侨务办	无
商务部	商务部网站	法制办	无
卫计委	无	港澳事务办	无
审计署	无	中国地震局	地震速报
国防部	无	银监会	无
教育部	中华人民共和国教育部	保监会	无
工信部	无	中国气象局	万千气象
公安部	无	证监会	无
监察部	中央纪委网站	国家信访局	手机信访
司法部	无	国家能源局	无
人社部	掌上 12333	国家烟草专卖局	无
环保部	走进环保	公务员局	无
交通运输部	交通运输部	测绘地信局	无
农业部	无	民航局	民航局网站
文化部	国家税务总局	国家文物局	无
央行	无	国家外汇管理局	无
国有资产监委会	无	国家粮食局	无
海关总署	移动关讯通	国家国防科工局	无
工商总局	工商总局	国家外国专家局	无
广电总局	新闻出版广电	国家海洋局	无
安全管理总局	安全监管总局	国家铁路局	无
国家统计局	掌上数据库	国家邮政局	无
国家知识产权局	国家知识产权维权	国家中医药局	无
国家宗教事务局	无	国家煤监局	无

胡广伟（1975— ），男，管理学博士，南京大学信息管理学院教授、博士生导师，南京大学政务数据资源研究所所长，美国佐治亚理工学院（GIT）访问研究员。主持国家、省部级基金项目等十多项，作为主要研究人员参加国家科技支撑计划、国家社科基金重大招标项目、国家“863”重大计划项目子课题、国家“十一五”科技支撑重点项目的示范工程子课题等15项。发表学术论文70余篇，出版专著5部，授权软件著作权5项，受理专利2项，获省部级奖励十多项。

白玥（1993— ），女，南京大学信息管理学院硕士研究生，南京大学政务数据资源研究所助理研究员，研究方向为电子政务，多次作为核心成员参与研究所各项课题的研究工作。

姚笛（1978— ），现任新华网政务大数据总经理兼网络舆情分析中心主任，中国互联网联合辟谣平台编辑部主任，终审发稿人，新华社主任编辑，“共产党员”公号负责人。具有丰富的采编经验，编辑策划的多篇作品获中国新闻奖、人大好新闻、政协好新闻、五一新闻奖、民族好新闻、新华社社级好稿等奖项，受理技术发明专利五项，出版《领导干部大数据应用指南》。